我的心，需要一點轉機

哈佛醫師的日常「心理危機」處方箋

內田舞 うちだ まい㊟著
江宇婷㊟譯

當日子過得
很痛苦時，
一點一點
漸漸折磨我的，

說不定
正是自己的情緒。

某位精神科醫師這麼說過。

「情緒正在大喊著：『活下去！』」

是在提醒我們遇到生命危險，並指引出生存方向。

好可怕

←

快逃啊！迎戰吧！

就像這樣。

精神科醫師更補充道。

「但是情緒啊，滿常會搞錯狀況。」

有方法可以
鬆開緊繃的情緒，
讓陷入心理危機的日子
變得好過一些。

前言

恕我冒昧，請問你現在懷著怎樣的心情呢？

「在公司碰上不合理的事情，讓我一直覺得很煩躁，難以排解。」

「一時控制不住情緒而用很差的態度對待家人朋友，因此一直覺得像是有根小刺扎在心頭一樣刺痛不已。」

「偶然進到一間餐廳吃午餐，沒想到餐點出乎意料地美味，讓我心裡覺得很溫暖。」

像是這樣嗎……？

又或者是剛結束一天的工作，整個人累到連一點情緒波動都沒有。

人活在世上，每天都會發生各式各樣的事情對吧。

我們會隨之感到開心或悲傷、鬆了一口氣，又或者覺得空虛。我們的情緒既會不斷產生變化，也會有所動搖。這是非常自然的事情，而且不如說與各式各樣的情緒共存而活著這件事本身，正是人情味。

但另一方面，情緒要是帶給自己太大的影響，或是不斷累積日常生活中的負面情緒的話，那就會變成威脅我們健康的壓力。

尤其是這幾年來，我們因為新冠疫情而暴露在從未體驗過的壓力環境下，越來越多人的心靈處於慢性脆弱的狀態。

會拿起名為《我的心，需要一點轉機》的本書，說不定也代表你在日常生活中有感受到「無法排解煩悶的心情」、「最近變得很容易生氣」、「堆積太多壓力，心情感覺都快爆發開來了」之類的心理危機。

● 希望能在心理瀕臨大崩潰前控制住，好好與自己的心相處下去

●想擺脫受到不安、焦躁或是氣憤之類負面情緒的控制，希望至少能夠轉換成正面的方向

本書正是帶著這樣的想法集結成冊，可說是為了讓各位讀者的日子能更好過一些的心靈處方箋。

我現在任職於麻省總醫院擔任兒童憂鬱症中心主任，負責診療孩子們的憂鬱症、躁鬱症、焦慮症、ADHD（注意力不足過動症）等精神疾病。在以臨床醫師身分診療患者的同時，我也以哈佛大學醫學院副教授兼腦神經科學家的身分，針對孩子的腦中都是如何調整心情進行研究。

其中一項研究就是在本書中所介紹的「再評估」。

所謂再評估，就是讓負面情緒朝著積極正面的方向轉化的一種心理療法。

簡單來說，就是在負面情緒萌芽時，試著先冷靜下來整理當下狀況及情緒，

並重新捉摸看看。這是能避免情緒大爆發，保住心靈不被擊潰而稍微換個方向的一種方法。

我既是精神科醫師，也是腦科學家，因此在本書中所介紹的內容都是以醫學及心理學的看法為基礎。「再評估」這樣的心理療法也有科學根據，透過分析腦部機能的功能性磁振造影（fMRI）等方式，可以得知那是當產生情緒的杏仁核跟負責邏輯思考的前額葉皮質在協同作用下會發生的狀況。

然而另一方面，我會在此盡可能使用淺顯易懂的語言，向各位讀者說明可以自然融入生活中，而且也很實際的心理健康維護方式。

會採用這樣的方法，也是因為當自己的心理正陷入危機的那個瞬間，光靠道理通常都起不了作用。

例如因為某個人一句無心的話而感到惱火，情緒都快要爆發的時候，還要去想「現在就科學角度看來大腦是這樣作用的，所以就這樣採取行動吧」

什麼的，未免也太過困難，一般來說都不太做得到對吧？

另外還有一點。在本書中不會寫下「只要做○○，任誰都能立刻改變」這種內容。因為我們的心靈是相當複雜且纖細的，不可能只要按下某個開關，就能產生那麼巨大的變化（更何況從「非得改變才行」這種強迫思維中得到自由，才正是為了自己的心靈著想而該做的一件事）。

我想透過本書向各位讀者分享的，並非那種治標不治本又隨便的資訊，而是基於我身為精神科醫師所知的醫學見解，以及為人母撫養三個孩子的生活經驗，能為我們勉強過活的「每一天」帶來一點幫助的提示。如果各位可以放鬆心情，別太過警戒地翻頁看下去，我也會覺得很開心。

希望本書可以為你折磨至今，又或者已經努力到殘破不堪的心，多少帶來一點舒緩。

CONTENTS

CHAPTER 2

CHAPTER

3

CHAPTER 4

序章——情緒是怎麼一回事呢？

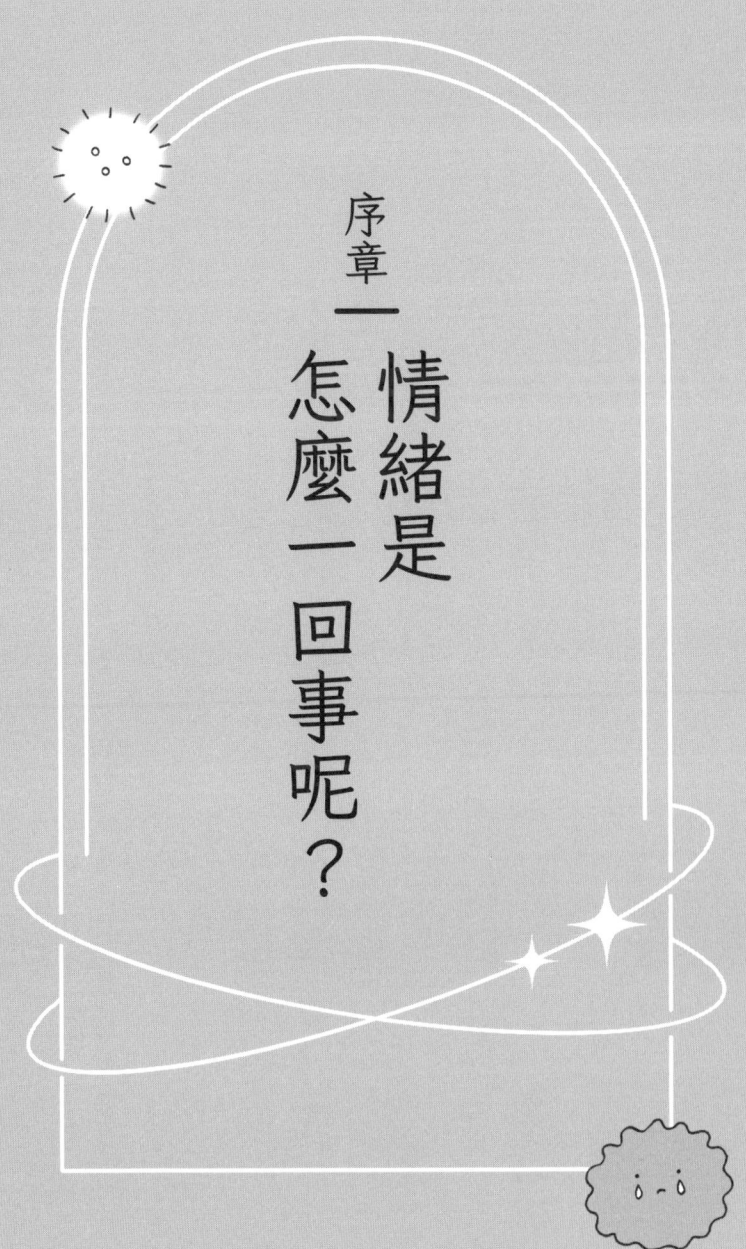

人，伴隨著各式各樣的情緒生活著。

以心理學家羅伯特・普拉奇克先生在一九八〇年發表的「Wheel of Emotions（情緒輪）」這個模型來說，大致上可分為五十二種情緒。除此之外，說不定也還有其他尚未命名的情緒存在。

有些情緒是突然間強烈觸發之後很快就會消失，也有些是會一直悶在心裡難以排解的情緒。與其說是只存在著單一情緒，更確切來說是各式各樣的情緒複雜地混合在一起，而且其強弱及階段性也時不時都在變化。

感情獨特的地方就在於「在思考之前就擅自湧現」這一點。應該沒有人是在思考「現在這個狀況對我來說是難以忍受的事，所以我要生氣」之後才生氣的吧。無論氣憤、悲傷還是喜悅，全都會擅自湧現出來。有些時候，即使我們感受到了滿心的幸福，卻也會突然間消沉或是氣憤到忘我。

為什麼會湧現出這麼多種呢？

那麼，人類為什麼會具備不但難以控制，有時還會變成一種麻煩的「情緒」呢？

這裡就來想像一個情境吧。假設你獨自一人去爬山。就在一路上都很順利的時候，突然有隻棕熊從樹木的陰影處現身。這個時候，你的大腦裡會發生怎樣的事呢？

在山中遇到熊的時候，你的大腦會緊急做出反應。即刻察覺「眼前有隻熊」這樣的危險狀況，進而觸動杏仁核中的神經細胞，瞬間引發「好可怕！」的情緒。與此同時，腦幹會對這股恐懼及不安產生反應，讓人的呼吸變得急促，也會讓心跳加快。**換句話說，這個時候情緒就是對於當下的狀況瞬間做出「好可怕！（遭遇危險！）」的評斷**。正因為會先湧現恐懼及不安這樣的負面情緒，才能為了保住性命而盡快採取行動。

好可怕！
!!

如果在遇到熊的時候，人沒有情緒的話會怎麼樣？這樣想想，就能知道平常覺得很麻煩的負面情緒，也是為了生存下去所必備的東西。

情緒是「可以瞬間替我們評斷狀況」的好東西。是會在人類進化的過程中存留下來，傳承給子孫，讓我們得以具備的機能。

大致上來說，整體結構就是在面對保住自己性命及留下對子孫有益的事情時，會湧現積極正面的情緒；面對會影響生存、生殖的狀況時，則會湧現負面的情緒。

情緒時不時會搞錯狀況

前面介紹了情緒的優點，但實際上來說，我們也常遇到「被情緒耍得團團轉」的經驗。情緒究竟為什麼會採取對我們來說一點也不喜歡的行動呢？

「在山上遇到熊↓湧現恐懼的情緒↓逃跑」這樣的判斷明確好懂，就算去問一百個人，想必所有人都會回答「沒錯」。**但以現代社會來說，在日常生活中幾乎不會遇到像遠古時代那樣被肉食性野獸襲擊的生命危險。**

在這種情況下，我們會被情緒耍得團團轉並為此苦惱，或是處理不完內心情緒的原因還有一個。現代社會中明明已經幾乎不會遭遇影響「性命」的危險，情緒卻還是跟人類平常都在狩獵採集並住在洞窟裡的那個時代一樣，會以「對於短期生存、生殖來說好不好」做出評斷。換句話說，會拚命為了避開生命危險而引發負面情緒。

由於大腦的進化還追不上時代變遷及文明發展的速度，因此大腦就某種層面看來是還維持著前一個時代的機能。實際上就我們的日常生活來說，比起「為了避開短期危險而產生的負面情緒」，更常碰上的是「站在長期觀點客觀評斷事物的思考」才比較重要的狀況，然而**腦部構造與現實社會之間有所背離，才會做出與現今社會不合時宜的判斷。**

我們在日常生活中經歷負面情緒時，幾乎都不是實際上會影響到「生存」的狀況。全是源自更加含糊不清，而且沒有正確解答的事情。

就拿育兒為例，有時候會想著「會不會太寵孩子了？」、「是不是用別種方法比較好？」、「以後會不會後悔呢？」之類，對於自己的育兒方式失去信心。因此總是懷抱著說不上來的不安（的那種情緒）。但以這個狀況來說，由於育兒的做法並沒有一個明確的解答，自己做出的判斷及行動正確與否，並不是可以立刻得出結果的對吧。

其他還有像是要選擇怎樣的工作、社交圈裡的人際關係、要談怎樣的戀愛、要留多少儲蓄到晚年等等，這些全都沒有正確解答。儘管會對此萌生不安、焦急、氣憤等負面情緒，也都得不出像是「逃離熊」這般明確的答案。難以理解該怎麼做出決斷才好，也沒辦法馬上得到明確的解決方式，所以才會不斷想著同樣的事情，導致煩悶的心情持續了超乎必要的時間。這就是會演變成心理危機的一個例子。

正因為如此，才要再評估

即使情緒會做出在某方面來說不合乎現代社會的判斷，我們還是很難干涉阻止。

因為這是為了生存而在進化過程中必備的機能，就跟心臟會擅自跳動一樣，情緒也會逕自湧現。

正因為如此，**才需要再評估（reappraisal）情緒針對現在的狀況所做出的評斷是否正確。**

如此一來就能在一定程度上控制那股情緒「能不能持續感受下去」，或是「感受到哪個程度」。

從剛才的例子來看，確實無法控制在遇到熊的瞬間感到「好可怕！」的初步反應。但接著可以去想「那真的是可怕的東西嗎？」、「我真的有必要感受到這股恐懼嗎？」之類，透過客觀審視自己的情緒並重新定義，有時可以藉此緩和恐懼，或是產生別種不同的情緒。在日常生活中想抑制負面情緒，並轉換個方向時，「審視自己的情緒並再評估」的這個舉動就會帶來很大的幫助。

先前也說過了，以現代日本來說，會在路邊遇到熊的狀況並不多。**很多時候在一時之間看起來是熊（帶來生命危險），但其實只是布偶裝之類不足掛齒的東西。**

值得慶幸的是，在情緒這個原始機能直到現在還存留著的同時，現代的我們也得到了可以冷靜下來思考的能力。

同時還具備「現在是怎樣的心情呢？」這般客觀觀察的想像力。

正因為活在日常中不會遭遇生命危險的時代，我才希望可以更常使用人類具備的「思考能力」，並多加磨練。本書的目的，或許正可說是為了揭曉

試著客觀觀察情緒捕捉到的東西

會威脅到我們日常生活那隻「熊」的真面目。
那正是讓心靈保持在更健全的狀態，讓日子更加好過的捷徑。

CHAPTER

1

試著觀測看看

觀測看看自己的心吧

盡可能將負面情緒轉化成積極正面的心理療法中，有一種叫「再評估」的方法。這是在認知行為療法中經過科學證實有效的一種做法，而且也漸漸地為人所知。

在前一個章節提及情緒是會在發生狀況的當下瞬間做出評斷而引發的東西。換句話說，這是要在發生了某些事情的時候，先讓情緒做出初級評估（primary appraisal），然後再用客觀的角度重新審視之後做出再評估（re-appraisal）。

突然間湧現出情緒，以我們現代生活來說常是太過頭或是錯誤的評斷，而受到那樣的情緒影響，正是內心感到折磨的原因之一。再評估就是**當下先**

冷靜下來，客觀地重新審視那樣的情緒是否真的正確，這同時也是讓心靈恢復平靜的一種有效方式。

然而，從英文翻譯過來的「評估」這個詞或許會讓有些人感到抗拒。「做出評估」、「受到評估」這樣說法若是擺在日常生活中，不但會顯得有些生硬，有些人應該也對這個詞抱持著有些負面的印象吧。

以客觀審視的這層意思看來，再評估也可以說是「觀測自己的心」。因此在本書當中，會用**觀測**（monitoring）這個詞說明下去。

真的不用把這件事想得太難。簡單來說就是「如何看待」。

首先，在察覺到自己的情緒時，就從注視著觀測看看開始做起。

如果湧現了負面情緒，那就正是觀測的好時機。只要這麼想就好了。

觀測流程

接著就來學習一下如何觀測吧。實際上當我在做觀測時，基本上的流程就像這樣。

步驟①｜察覺自己的情緒

這種煩悶的
感覺是……

步驟②｜將情緒具體說出來

很空虛
我覺得是這樣。

步驟③｜分析情緒的背景

是因為工作起來
沒有成就感嗎？

步驟④｜採取行動
（先想看看要怎麼採取行動比較好）

跟上司商量看看吧。

步驟①　察覺自己的情緒

觀測的第一個步驟就是**察覺自己的情緒**。

辨明自己的情緒相當重要，如果能順利辨到，甚至都可以說是「自我觀測大成功！」，但這其實是非常困難的一件事。

舉例來說，在現實中感到煩躁的時候，都會在產生「我現在覺得好煩躁啊」的念頭之前，就先用力甩上門，或者向對方大聲咆哮了對吧？

湧現「情緒」

←

冷靜「思考」

←

採取「行動」

從湧現情緒到採取行動為止，本來應該是要這樣循序漸進才對，然而當情緒太過強烈時，就不會去察覺自己的情緒，也沒有多加思考，搶先一步就進入採取行動的階段。即使平常是會很敏銳地察覺對方心思的人，**在面對自己的心思動向時其實卻是漠不關心。**

最重要的是，在察覺好像有恐懼、氣憤、焦慮、嫉妒、焦躁感、緊張感等對自己來說不太好的情緒要湧現的時候，就要想著「這是自我觀測的大好時機！」，並停下腳步進行思考。剛開始嘗試時或許很難辦到，但即使只是多少

面對這條岔路時，選擇哪一邊才不會後悔呢？

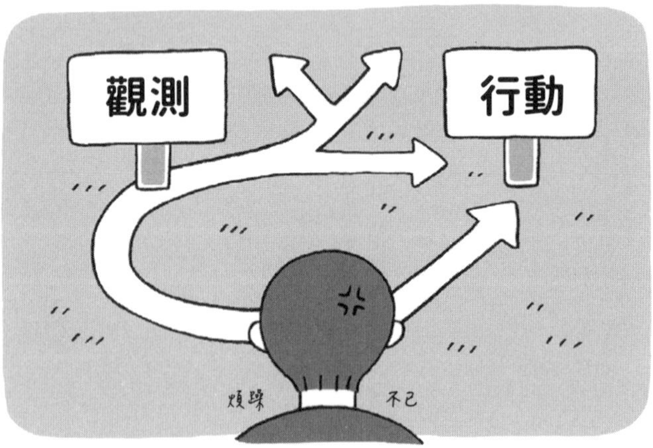

把重心放在「盡量辨明自己的情緒」、「關注自己的內在」上面，應該就會帶來很大的差異。

不去否定情緒

在捕捉自己的情緒時，最重要的是別去否定湧現的情緒。

我們尤其會將負面情緒本身視為「不能感受到的東西」。各位是不是會對自己抱持的情緒做出「好」、「不好」、「丟臉」等評斷，或者想把那種情緒本身當作不存在呢？

那說不定是出自你溫柔又認真的個性，也可能是在累積至今的經驗中所得到的生存方式，但請記得**最重要的是別去否定或拒絕自己的情緒**。抑制情緒不但會消耗比想像中還要更多能量，而且**硬是壓抑下來的情緒，其實並不會隨著時間流逝而消散**。反而會長時間對心靈造成負擔，或是因為反作用力而爆發開來，身體也會因為壓力而出現肚子痛、頭暈等反應。

心理學中有個詞叫**全然接受**（radical acceptance）。意思是不對發生在自己身上的事情或遭遇的處境做出「好」、「不好」的評斷，而是視為「單純發生了這件事」並接受。

發生討厭的事情時，人都會想去否定那件事。心情上會不願認同，也不願接受那是已經發生的事。但如果不暫且接受的話，就會很難產生「那接下來要怎麼辦？」這般讓自己向前邁進的念頭。既不是否定也不是肯定，單純認同那是已經發生的事實，就會成為向前邁進的起點。

察覺內心湧現的情緒時，別去評斷那份情緒。別將那視為比實際上還更微不足道的小事，也不要覺得視而不見就等同於沒有發生。

既不肯定也不否定，只是平等地承認自己內心的情緒，並認知到「湧現了這種情緒」這個事實。

這就是觀測的第一步。

但如果是有做到「總之先接受」這個動作之後，才做出「但現在不去思考這件事」的判斷，當然也是沒問題。**沒時間多想反而是一種救贖**的狀況也很常見。

總之在這裡現身的情緒，全都先過來吧

步驟②——將情緒具體說出來

總之先是察覺到存在於自己心中的情緒了。

既然可以冷靜下來，不去否定並承認其存在的話，接下來就要更進一步觀察那份情緒。

「我現在感受到的這種情緒究竟是什麼呢？」

「氣憤？焦慮？執著？還是寂寞呢？」

「我以前有體認過相同的情緒嗎？是接近怎樣的情緒呢？」

「這份情緒帶來多麼強烈的感受呢？」

對自己的情緒做各式各樣的觀察，再具體說出來。感覺就像要替自己此時此刻體認到的情緒命名那樣。這在心理學來說就稱作「情緒標籤」。

還不習慣辨明情緒時，或許很難將自己懷抱著怎樣的情緒具體說出來。這時可以像「氣憤？焦慮？還是嫉妒呢？」這樣，找出一個符合的已知情緒再進一步思考。如果覺得「感覺跟氣憤很像，卻又有點不一樣……」，那就再更加把勁地面對自己的情緒，直到找出符合的詞為止。另外，不是只有一種情緒，而是有多種情緒混合在一起的情形也很常見。

這種時候最重要的依然是絕對不要否定自己的情緒。

若是想著「嫉妒也太難堪了」、「我才不會抱持那麼醜陋的心思」並拒絕情緒的話，就會無法辨明真正的情緒。畢竟這也沒必要對他人坦言（當然要坦言也是可以），請悄悄地坦率面對自己的心，自問看看吧。

就想像成是在觀察他人的心境，並將當下感受到的事情具體說出來。**到了可以順利表達出「啊，對了！我感受到的這是○○的情緒！」的時候，就算無法解決那種情緒所引發的問題，但光是如此就能多少減輕心靈負擔才是。**說來確實滿不可思議的，但透過具體說出自己的情緒進而命名，並得知那種煩悶心情的真面目之後，也會讓人感到比較安心。

步驟③ 一 分析情緒的背景

將情緒命名之後，就開始思考看看那是在怎樣的想法及經驗中所產生的背景（background）。

「為什麼會湧現這樣的情緒呢？」

「之所以湧現了○○的情緒，是受到我怎樣的想法或經驗所影響嗎？」

「說到底我究竟是討厭哪個地方？我是想從什麼東西手中保護自己？」

從面對情緒開始著手吧

當人抱持著氣憤或不安、悲傷、嫉妒、寂寞等負面情緒時，原因並不是只在於眼前發生的事情而已，**有時候追根究柢，會發現其實背後隱藏著在自己心中說得通的重要思維或想法**。

那說不定是「人就應該要這樣做」之類的刻板印象，也可能是「想保住自己的尊嚴」、「想讓家人幸福」等強烈意志。有時候某種特別的體驗或是心理陰影，也會導致內心湧現超乎必要的情緒。

實際上在觀測的時候，就算同時思考步驟②跟③，或是順序反過來去想都沒關係。有時也會因為先分析了背景，才得以具體說出自己的情緒。

步驟④——採取行動（思考該怎麼行動才好）

最後就要思考當自己不喜歡的負面情緒湧現的時候，該有何反應（如果事情已經發生，則是思考該怎麼採取行動）才好。

像是以下幾個問題，就能幫助我們思考怎樣才是合適的行動。

「我認為是〇〇，但那是真的嗎？有什麼根據？」

「站在對方的立場來說，會怎麼看待這個狀況？」

「現在發生這個狀況，還有什麼其他的理由或原因嗎？」

「我所抱持〇〇的情緒，是真的有必要去感受的嗎？」

「說到底，自己究竟是想做什麼，才會變成這種狀況來著？」

「我想怎麼做？又希望對方怎麼做？」

「我和自己所重視的人，會因為我採取〇〇的行動而幸福嗎？」

就透過以下的情境，一起試著做做看步驟④吧。

跟你約好要一起去吃午餐的朋友，到了會合時間，對方也沒有出現在約好的地點。打電話沒人接，用LINE傳訊息也沒有回覆，這讓你感到煩躁不已。五分鐘後，看到朋友跑過來時，你幾乎都要在氣頭上向對方發火了。

這時可以試著開始觀測看看，就會發現自己這股怒火追根究柢是源自「竟然會遲到，看樣子是朋友沒像我一樣這麼期待吧」、「遲到卻沒有跟我聯絡一聲，是因為對方沒有尊重我跟我的時間」、「要是太晚抵達餐廳說不定會沒位子，所以很焦急」這樣的念頭。

接下來就要進到步驟④了。為了採取更好的行動，在此會加深思考。

「朋友之所以遲到，是因為對方其實不期待這場飯局嗎？」

↓

「明明也是可以拒絕這場飯局卻還是答應要來，因此朋友應該也很期待才對。說不定是很努力地解決早上要做的事情才急著趕來。說到底，也是有

些人雖然沒有惡意，但不管再怎麼努力還是會遲到。」

「朋友沒有尊重我的時間？」

↓

「朋友說不定是想盡可能早點趕來，連手機都沒時間看就一路跑過來了。」

「餐廳說不定會沒位子。」

↓

「對此感到焦急狀況也不會好轉。」

可能有人會覺得「我想不了這麼多層面……」，但不必擔心。這個情境終究只是一個例子而已。只要配合現實狀況，針對一兩點去深思就可以。就算只想了一兩個層面，也會稍微削弱急遽湧上心頭的怒火才是。這樣就不用擔心會向對方說出其實不想脫口的話了。

只要可以仔細觀測，便能為了與對方建立起更好的關係，冷靜說出自己的心情，或是想想「其實那也不是讓人那麼生氣的事」並重整心情。然後就會思及「說到底，我本來是想跟對方一起開心地吃頓飯」並**發現這個原本的目的，於是察覺對朋友發火就等於是遠離那個目的的行動。**

COLUMN

生氣也沒關係

在步驟④當中，用朋友在約吃飯的時候遲到這個情境思考了一下。不過關於這一段有個製作花絮，其實本書的製作團隊在最一開始舉例的情境是「兩人一起吃午餐的時候，約會對象卻一直在滑手機」。

如此一來溫柔的你在觀測了情緒之後，轉念地想「沒錯，我是想跟對方度過快樂的時間，所以還是不要生氣好了」，真是可喜可賀、可喜可賀……？

不不不！在這種狀況下，你還是要生氣吧！要是真的採用這個例子，我應該會想這麼放聲斥責。

透過觀測確實可以平息怒火，但藉此察覺「在這狀況下生氣也沒關係吧」，也同樣是觀測的效果之一。覺得自己不被對方放在眼裡時，如果沒有當下立刻表達這樣的心情，那樣的情緒到後來也不會消失，反而會因為其他無關的事情向對方抱怨，也恐怕會說出明明沒必要卻傷害到對方的話。接受當下產生的情緒，進而辨明，並經過觀測之後，若是覺得「自己沒受到對方尊重」的話，就算直接將那份情緒告訴對方也沒關係。

在面對本來絕對是生氣也沒關係的狀況時，日本人會有覺得自己不能生氣的傾向，而這在女性身上又尤其明顯。要是觀測這個動作反而強化了惡習的傾向就違背了我的本意，因此各位在經過思考之後，如果是覺得生氣也沒關係的狀況，那就請表達出你的怒火吧。

遇到這種狀況時

情境① ─心情不好的上司就近在身邊也想保持平常心

職場上司的心情總是很差。
就算想找上司商量事情，對方也會散發出忙碌的氣場，
所以遲遲找不到跟上司說話的時機。
整個職場的氛圍不但糟透了，大家也都是滿口怨言，
這讓我覺得自己好像也要
被牽引進那股負面情緒當中了。

環境的氣氛會給我們的心理健康帶來很大的影響。但令人苦惱的是，偏偏也有很多是自己無法控制的部分。

這種時候最好是盡可能不要讓自己置身於負面的環境當中，並離開感受到負面氣場的地方或人的身邊，但那個地方如果是職場或家庭，也很難這麼做對吧。

這時候可以先仔細觀察看看自己對上司是抱持怎樣的情緒。例如在有事想跟上司商量，卻猶豫著要不要向對方開口的時候，湧現的是怎樣的心情呢？

- **要是找上司說話會不會被罵的恐懼感**
- **想好好工作，但對於既不給指示也不關心工作狀況的上司感到失望**
- **一旦提出問題，聽到上司會大嘆一口氣時會覺得很焦慮**

可以像這樣把面對心情不好的上司時，無法維持平常心的情緒具體說出來。接著想想，在那背後自己又是隱藏著怎樣的想法呢？

說不定以前曾在眾人面前挨罵，或是受到態度很差的對待等等背景，因而挑起沒必要的恐懼感。也很有可能是在自己的想法中有著「上司就該是如此」的刻板印象，所以才會對相反類型的上司感到更加氣憤或失望。

可以像這樣慢慢深究存在於你湧現這份情緒背後的東西。

最後再回頭看看自己的行動，並思考往後要採取怎樣的行動才好。

這種時候希望各位可以記得，**即使是在無法控制的狀況下，大多事情就算無法徹底解決，也總是有可以改變自己的地方。**

我們確實無法控制上司不開心的情緒。但說穿了，其實我們也無從得知上司是不是真的心情不好對吧。在苦惱於人際關係時，重拾**看不透人心**的純粹心理，是還滿重要的一件事情。也是有人雖然沒在生氣，但還是會表現出那樣的態度。因此確實值得想想「上司會不會其實並沒有心情不好呢？」。

另外，說不定也有著什麼讓上司心情不好的原因。如果想作是「因為我的工作能力太差而生氣」的話會覺得很害怕，但那個上司說不定是因為自己的家庭發生了什麼問題。如果上司每天都是為了盡可能早點回家，而拚命將工作處理完的話，又會做何感想呢？感到恐懼或厭惡的心情會減緩下來，說不定還會萌生其他情緒呢？就算沒這回事（笑），至少會因為「啊，這已經是跟我自己無關的事了」而讓心情好過一些。只要把重點轉移到對方身處的狀況上，自己的心境就跟著改變也是很常見的事情。

即使無法改變看起來心情不好的上司表現出來的態度，也可以由自己決定要如何面對心情不好的上司，以及自己在這樣的環境下該如何行動。

如果只顧著上司的臉色，無論如何都會對心情好壞變得很在意，這也會導致我們難以保持平常心。既然如此，**下定決心只把重點擺在「好好完成自己的工作」以及「提高工作生產性」**也是一種方法。

一旦覺得「上司那種態度真令人討厭」、「上司今天也是心情不好啊」時，就試著在心裡暗自呢喃「他／她心情不好並不是我的責任，而是個人問題，我沒必要去討對方歡心」、「好了，來處理自己的工作吧」。如此一來就能把注意力從上司心情不好的態度、自己當時的情緒，轉移到工作這個原本的目的上了。

COLUMN

既不逃跑也不戰鬥的選擇

有句話叫「是戰是逃」。

意思是在被逼到絕境，只剩下「逃跑或是戰鬥」可以選擇的狀況，但就一如前述，現代並不是個活著隨時都會碰上生命危險的時代，因此幾乎不會遇到要抉擇「是戰是逃」的事態。

希望各位可以記得，就算有個心情不好的上司，也不是只能選擇保持盡可能不去招惹的距離（逃跑），或是直接反抗對方挑起衝突（戰鬥）而已，也有「積極介入」的選擇。

重新審視自己的情緒及想法之後，如果還是認為這是個重大問題，也是有可能做出「為了解決這個問題必須跟上司，或者上司的上司溝通才行」的判斷。而且即使是在進行那番溝通的場合，當然還是有可能因為情緒搶先，陷入只看得見「是戰是逃」這種極端選擇的狀況中，因此必須多加留意。

既不用逃跑也不用戰鬥，而是介入那個環境。為此先冷靜下來，面對情緒並整理思緒。如此一來，就能更清晰地看見採取怎樣的行動，才最能得到自己期望的工作環境。

無論在與上司、公司溝通過後得到怎樣的結果，我相信那段面對自己心靈的過程，肯定會成為人生的養分。

遇到這種狀況時

情境②——孩子都不聽話讓我感到很煩躁……

我現在是在家工作。
但只要孩子在家，工作進度就會不如預期，
心理上一點也無法從容。
當我為了能專心工作而想早點哄孩子睡覺時，
忍不住對著邊泡澡邊玩耍
遲遲不離開浴室的孩子大聲斥責，
把孩子給罵哭了。

就算命令孩子「快去洗澡」、「快點睡覺」，他們也不會完全照著爸媽說的去做對吧。不止如此，也有可能因為生氣跟斥責的態度，反而讓整個事態更加惡化……我想爸媽在理智上是明白這一點，只是被工作進度追著跑又感到疲憊的狀況下，才不小心把話說得太重。

當重要案子的截止日期迫近而感到不安及焦慮時，會因為「想控制狀況」的念頭變得更加強烈，一旦沒能如願就會感到煩躁不已。應該是任誰都有過這樣的經驗吧？

煩躁的時候腦海中就會浮現各式各樣的思緒。以我的狀況來說，也曾因為不管說了多少次，孩子們都還是不收拾東西的時候，冒出「孩子們之所以不聽我的話，是因為不尊重我」這樣的念頭。這次就以這個時候的情境為例，來深入觀測看看。

先捫心自問。

「孩子們之所以不聽我的話，真的是因為不尊重我的關係嗎？」

←

「現在的我，真的有必要感受到煩躁的情緒嗎？」

←

「這個狀況下重要的是讓孩子聽我的話嗎？還是讓孩子收拾自己的房間？」

像這樣思考了一輪之後，心情也漸漸冷靜下來。

「孩子不尊重我！」

←

「孩子單純只是玩到太開心，停不下來而已，跟有沒有尊重我無關。」

←

「孩子都不聽話！」

「原本的目的就不是要讓孩子聽話，而是讓他們主動收拾。還是想想該怎麼做才能讓孩子會想自己去收拾東西吧。」

說不定就能換個角度這麼想了。

當我們自覺湧現負面情緒時，會用氣憤、斥責、哭泣等方式，試圖改變那個讓自己產生負面情緒的對象。這樣的方法當然有時也會有效，不過也有其他不同的應對方式。這時如果可以先冷靜下來，**透過辨明發生那個狀況的原因及原本的目的（自己想達成的事情、目標）**，心裡應該就能多產生一點從容，也能隨之看見該做的事情才對。

而且在這個狀況下，站在對方的立場試想「孩子現在是有怎樣的感覺呢？」也很有效。

在親子關係當中，力量平衡容易傾向父母那一側。

「孩子現在是有怎樣的感覺呢？」

「換作是我站在跟孩子相同的立場，會想聽到怎樣的話呢？」

在這種狀況下，如果能更著重於站在對方（孩子）的立場重新思考就好了。換作是在職場上，當自己有著比較大的力量時，做法也是一樣。

另外，如果孩子的年紀已經到了對說話內容有一定程度的理解時，可以試著直接對孩子說：「爸爸／媽媽今天其實有很多一定要做完的工作，所以很著急。你可以幫個忙嗎？」、「剛好很多工作都集中在一起，心情上忍不住太煩躁了。對不起喔，剛才對你那麼大聲。我不是在生你的氣喔。只是爸爸／媽媽啊，很不擅長面對被太多該做的事情追著跑的狀況。所以不是你害的喔。」

就算孩子無法接受，這樣也會降低自己的罪惡感，應該能稍微減輕內心的負擔才是。

COLUMN

比斥責更愉快的做法

當我要催促孩子做某件事情時，都盡可能不說「快去做」、「不准那樣做」，常是利用像在玩遊戲的感覺，讓孩子自發性地採取行動。

當兒子玩得太開心都不想離開浴室時，我不會說「快點出來」，而是對他說「還想再玩一下對吧。如果媽媽會使用可以將時間倒轉半小時的魔法就好了呢」。這時孩子就會說著「咦！魔法？」，感興趣的事情於是跟著轉移，接著只要再說「電影中就有出現那種魔法喔！」，他就會起身離開浴室了。另外，兒子如果是顧著玩船、潛水夫、鯊魚等玩具的話，我也會跟他說「你在編一個很有趣的故事呢。為了明天也能繼續玩下去，我們就把玩具留在這裡吧」。

希望他早點穿上衣服時，會對他說「你能閉著眼睛穿衣服嗎？」，或是用計時的方式，對他說「你能在十秒內穿上衣服嗎？十、九、八、七……」並開始倒數。要刷牙的時候，也會跟孩子玩個小遊戲，趁著孩子的嘴開開闔闔的時候，看媽媽有沒有辦法努力刷牙之類。

這樣的做法當然不是每次都能順利達成目的，但我覺得在日常生活中的每一個環節，都讓孩子感受到自我掌控（請參考第三章）是很重要的一件事。

更重要的是，對我自己來說，開心一點的做法不但比斥責還容易做到，也更有趣嘛。

遇到這種狀況時

情境③──難以從大考失敗的挫折中重振起來

犧牲了其他事情，只顧著拚了命地念書，
結果還是落榜了。
每天都過得既痛苦又悲傷。
內心也想著「早知道再更這樣做就好了」，
而懊悔不已。
儘管理智上知道必須切換心情
向前邁進才行，
卻還是難以重振起來。

一如之前說明過的，情緒會與生存本能強烈地結合在一起。換句話說，這也就代表**當強烈的情緒湧現時，大腦會拚了命地想存活下去**。

現在處於這個情境的當下，想必是正感到悲傷及難受的時候，內心也不斷掀起狂風暴雨。一直感受到難過的心情確實很折磨，但大腦就是這麼拚命地想要生存下去，請帶著慰勞的心情注視著自己的心吧。

觀測的過程就跟之前一樣。將自己懷抱的情緒具體說出來，探究其背景，並思考接下來該採取怎樣的行動。

像這樣陷入相當折磨的狀況時，希望各位務必銘記在心的是**「不會只因為一件事情就決定你的價值」**這一點。

無論是大考失敗、失戀，還是生意做得不順利，那都不過是構成你這個人的要素之一。

大考失敗所代表的，就只有「那個時候，以要在有限時間內解開考題這個行為來說，有做得比自己還更好的人在」這麼一個意思而已。並不代表因此就否定了自己的價值，以及累積至今的努力。

更何況當時如果出的是其他問題，說不定就會考上，而且以長遠眼光來看，往後也有可能會慶幸自己考上的是這裡，而非其他學校。

發生在自己身上的每一件事情，都是在人生路程中途經的一個地方。不會有人當下就知道哪件事情會給自己帶來正面或者負面的影響。

無論是大考落榜、失戀，還是經商失敗……得不到某個東西的時候，只是因為不投緣，因為時機不對而已。我會將這些經歷視為其實還有其他地方、人，或工作更適合自己的訊號。

遇到這種狀況時

情境④——想改變太過在乎他人眼光的個性

我很在意別人都是怎麼看待我的。
當自己的孩子在比較嚴厲的媽媽朋友面前吵鬧時，
明明那種程度平常我也只會在一旁看著，
卻因為想著「不曉得那位媽媽會怎麼想？」、
「她會覺得我是個不稱職的母親！」，
就沒必要地
嚴厲警惕了孩子。
在那之後就陷入自我厭惡之中……

站在腦科學的立場思考，不想被他人覺得自己不好、希望得到他人對自己有正面評價的心情，是非常自然的一種情緒。

人類自古以來就是過著群居生活，與同伴們協力生活至今。因此**從他人身上得到有益情報，或是構築起碰上困難時能相互協助的關係，還有受到集團領導人的認同、評價，都是攸關生存的重要力量**。因此當人受到自己所屬社交圈的人喜愛時會覺得開心，反之被討厭時就會產生負面情緒。

在意他人目光，盡可能不想被人討厭，可說是相當自然的情緒。我能明白會為了「自己為什麼就是會在意呢」而苦惱，之後還陷入自我厭惡的那種心情，但其實不用否定自己的情緒，只要懷著「這是受到生存本能的影響啊」、「既然是下意識湧現的情緒，那也沒輒了吧」這種感覺的想法就可以了。

以此為前提，請再回想一下在嚴厲的媽媽朋友面前，當自己的孩子耍任性或吵鬧時的心情吧。

那想必會讓人因為不曉得媽媽朋友會怎麼想而感到不安，說不定還會抱持接近恐懼的情緒。甚至還有可能會心想「為什麼偏偏是現在耍起任性來啦！」，而把氣出在孩子身上。

假設是抱持著「不安」這樣的情緒，而且在那份不安的背後有著「不想被這個人認為自己是個沒用的母親而瞧不起」、「不想被看扁」的念頭及想法。

這個時候，還請捫心自問。

「就算被那個人瞧不起，被她認為是個不稱職的母親，我跟家人會因此就變得不幸嗎？」

「如果跟那個人的育兒方針不同，就不能再繼續當媽媽朋友了嗎？」

「那個人說不定也討厭會不禁嚴厲對待孩子的自己。」

「往後想跟媽媽朋友怎麼相處下去？」

各位會怎麼回答這個問題呢？

說不定會想「就算被那個人瞧不起，也跟我的生活一點關係都沒有」、「就算我跟她的育兒方針不同，還是可以繼續相處下去」，也有可能會覺得「再多跟她聊聊關於育兒的事情吧」、「我跟她價值觀差太多，還是保持一點距離好了」之類，在心中決定往後跟對方相處下去的方向。

透過觀測審視自己的情緒，並重新整理狀況及思緒之後，下次再遇到同樣的情況時，自己的心態應該就會有些改變才對。只要了解感到不安及恐懼的真相，心情就不會像之前一樣受到那麼大的影響了。

觀測練習表

回想起感受到悲傷、氣憤、焦慮、嫉妒、寂寞、惆悵或是煩悶時的事情，觀測看看吧。

步驟①｜察覺自己的情緒

步驟②｜將情緒具體說出來

步驟③｜分析情緒的背景

步驟④｜採取行動／思考該怎麼行動才好

COLUMN

不要著急，一步步來

「觀測」這個方式，各位覺得如何呢？很困難對吧？無論是察覺情緒、具體說出來，還是改變行動做得更好，或許都不是立刻就能辦到的事。但希望各位不要馬上捨棄這個做法，可以一步步慢慢去試。

我自己也不是每次觀測都能這麼順利。舉例來說，我一旦想睡就很難撐住，因此晚上已經想睡了，孩子們卻不聽話時更是……我在那種狀況下的模樣可說是不堪入目，甚至都想將這本書送給自己了。

但大概是我平常都有特別留意辨明自己的情緒，漸漸就能知道「我肚子餓的時候容易煩躁」、「待辦事項太多的時候會很焦慮」之類，釐清自己情緒的傾向。以我的狀況來說，就能想著「睡眠不足時才更該察覺情緒，努力理性思考吧」，並做好心理準備。或是直接跟孩子們說「對不起喔，媽媽晚上想睡覺時很容易生氣，所以晚上如果可以盡量聽媽媽的話，我會很開心喔」，也是一個好方法對吧。

一開始可以趁著從容的時候，自回顧過去發生的事情觀測起，並漸漸縮短發生事情到觀測之間的時間。經過這樣的反覆練習，變成一種習慣之後，做起來就會順利許多。

CHAPTER

2

讓觀測做得越來越好的練習

觀測時最重要的是明確捕捉自己所感受到的情緒，但說起來容易，實際上做起來比想像中還要困難。

為了讓觀測順利進行，各位可以留意以下幾個要點。

- **養成感受自己的心情並能具體說出來的習慣**
- **掌握自己在怎樣的時候容易產生什麼情緒的傾向**
- **察覺會下意識扭曲或掩飾內心情緒的「思考壞習慣」**

在本章節中，準備了幾項練習讓各位可以加強上述幾個要點。那些都是基於CBT（Cognitive Behavior Therapy／認知行為療法）所設計的練習，在有助於觀測的同時，那些練習本身也可說是觀測的一環，而且融會貫通之後也會成為減輕壓力，讓人活得更積極正面的基礎。

另外，本章節的練習1～3最後一頁都附錄了可以書寫的練習表，請在有空的時候好好地挑戰看看。

請先想像在與自己的內心對話的感覺，來進行本章節的練習。不需要將每個練習都做到最好，只要挑選適合自己的方式，就算只是偶爾在日常生活中留意一下也沒關係。

那就來面對自我的內在，傾聽自己的心聲吧。

WORK 1

挑戰看看那個想法

第一個練習是「挑戰看看自己的想法」。

這同時也是跟觀測的一連串流程有許多重疊之處的一項練習。

挑戰在此所指的，應該算是**主動面對那些平常總是自然而然地產生之後又消逝的自己的「想法」，並積極進行探討**的感覺吧。

請試著回想當你的情緒有動靜時的事情，並照著下述流程挑戰看看。

①**場景**：情境。發生了什麼事？

②**想法**：當時自己浮現的想法

③**感受**：當時的自己所感受到的一切

④**根據**：為什麼會浮現②的想法？有什麼根據嗎？

⑤**反駁根據**：反駁②的想法的根據是什麼？（說不定並不是那麼一回事？）

⑥**新觀點**：將④跟⑤放在一起衡量，並冷靜地重新審視看看

這是一項旨在練習仔細推敲腦海中浮現的想法，並聚焦於從不同角度重新審視的過程。

我在此舉出一個範例，一起思考看看吧。

①**場景**

碰巧撞見同事將我規劃的專案拿去向上司提議，並講得好像是自己構思出來的一樣。

②想法

好過分、好狡猾。我產出的價值遭到強奪了。我自己的價值被他人奪走了。而且對方還是自己信任的同事，更是難以置信。

這樣的想法說不定會在轉瞬間湧現。

③感受

氣憤、激昂。很像不經意看到糟糕的東西時，會有的那種令人作嘔的心情。指尖微微顫抖，也感到恐懼。

諸如此類，身心感受到的所有事情。

④根據

「那個專案是原創性很高的點子，而且最近才剛跟那位同事商量過而已。」

「對升遷抱持強大野心的同事想比我搶先一步。」

「當我找他／她商量時，對方並沒有積極表示贊同。那肯定是為了讓我對這個點子失去信心，之後再強占為自己的功勞。」

可以像這樣思考看看，提出自己之所以產生②那般想法的根據。

⑤反駁根據

「對方是自從我進公司後就很要好的同事，難以想像他／她會做出破壞我們關係的事。」

「當場撞見的瞬間，我下意識覺得是自己的點子被搶走了，但同事說不定只是向上司報告我的點子而已。」

「因為他／她是那位有決定權的上司的直屬部下，所以可能只是為了讓我的專案能順利通過而事先向上司交涉而已。」

這次則是像這樣想想反駁②的想法的根據。

⑥新觀點

客觀審視④跟⑤，引導出有建設性的想法，以及之後要採取的行動。

「實在很難想像同事會不惜破壞往後跟我之間的關係，也要在公司內部爬上高位，因此要不是我誤會了，就是他／她一時之間鬼迷心竅吧。

就算同事真的是當作是自己想到的點子向上司提議好了，這項專案如果不是由我主導也進行不下去，因此終究還是會回到我的手中。總之先默默做點準備，以備時機到來吧。」

說不定就會得出這樣的結論。

那麼，在此請回想起**除了戰鬥跟逃跑之外也有「積極介入」這個選項**。在自己的專案說不定被同事搶走的事態下，沒必要一直處於被動的立場。不但可以明確表現出「我無法容許這種事情」的意圖，而且也有不戰鬥就能表達這個意圖的方法吧。

例如若無其事地直接問同事：「剛才我看見你在跟上司講到我的那個提案，那上司的反應如何？有什麼現在就能著手準備的事情嗎？」也是個好方法。如果那段對話是發生在開放式辦公室之類的地方，當同事在跟上司提及這件事時，說「啊，兩位是在講我前幾天提議的那個點子嗎？也請務必讓我參與討論」並加入對話，或許也是一個辦法。

也是有可能在像這樣經過觀測及介入之後，還是得出對同事感到氣憤的結論。情緒化地生氣確實不好，但如果是在經過深思之後採取生氣這個行動，就不是一件壞事了。

如果在介入之後還是覺得無法接受的話，直接告訴對方自己感到受傷的想法，也是保護自己心靈的一個重要行動。

挑戰的流程

接下來就像剛才的範例那樣，用自己的想法實際挑戰看看吧。

①場景

這次想觀測的是怎樣的場景呢？試著寫下具體來說發生了什麼狀況吧。活用「5W1H（時間、地點、人物、事情、原因、經過）」會更有助於回想。

②想法

在①的狀況下，腦海中浮現了怎樣的想法呢？是怎樣的思考讓你感到苦惱呢？

在此請將馬上浮現的想法全都寫下來。可以的話，就連「這讓我覺得原來對方討厭我啊。在那之後，一想到我為什麼非得要被對方討厭就感到氣憤」這種情緒上的變化也詳盡記錄下來。

要重現當時的負面想法，或許會讓人感到很難受。覺得太痛苦的時候，想著「現在還不是回想那件事的時候」而放棄也沒關係。暫時將問題擺在一旁，靜待更好的時機來臨也很重要。

③感受

這裡不只是心理上的感受，也要關注一下身體直接感受到的反應。

「被一把揪住領口都快喘不過氣來」、「身體發熱，掌心也在冒汗」、「心跳就像剛跑完一樣快」、「想睡到不行」、「不知為何想發笑」之類的身心反應記錄下來。

④根據

「像②那樣想的根據」是什麼呢？

請列舉出可以成為根據的事實（evidence）吧。

在思考根據時，最重要的是分成「事實」與「意見」去想。在此請盡可能列舉出足以佐證想法的事實跟證據。

⑤反駁根據

接下來要思考的是「推翻②的想法的根據」，換句話說，就是「假設自己的想法有錯時的根據」。即使現在自己實際上抱持的是②的想法，也要試著刻意找出反對意見。

「有可以推翻②的想法的事實嗎？」
「有更積極正面的看法嗎？」
「如果試著想得現實一點呢？」
「站在對方的立場，會是怎麼看待這個狀況的呢？」

可以想想看這些內容。

如果很難客觀審視發生在自己身上的狀況，可以假設成是朋友找你商量同樣的事情，進而想想「我會給出怎樣的建議？」。

⑥新觀點

交互比較④（能佐證你自己想法的根據）跟⑤（推翻你自己想法的根據），並再次聚焦於發生的事情，以及湧現的想法上。

「你現在有什麼感受呢？」

「你的情緒及想法有產生什麼變化嗎？」

如果你的想法有產生某種變化，或是加入了新的觀點，那就是一次很棒的觀測。

就算一開始做得不順利也沒關係。可以透過這個章節的練習表多加練習，一點一點做得更好。

WORK 1 挑戰看看那個想法

①場景｜發生了什麼事？

②想法｜腦海中浮現怎樣的想法？

③感受｜身心有什麼感受？

④根據｜對於②的根據

產生②的想法的根據	推翻②的想法的根據

⑤觀測｜以上述兩種根據重新客觀審視一次

WORK 2

了解認知扭曲

人們在思考的時候，都會有各自的慣性。

舉一個非常淺顯易懂的例子來說，當忘記帶某個東西而必須向朋友借的時候，有些人會消沉地想「我也太沒用了吧。還給朋友添了麻煩」，但也有人會心懷雀躍地想「有朋友借我真是太幸運啦！說不定還能趁著這次機會加深情誼」對吧。

像這樣針對事物的思考慣性，有時也會折磨我們，讓我們活得很辛苦。尤其是對凡事都會過度悲觀解讀的狀況，那根本已經是對現實有扭曲的認知，甚至可以說是在看著變質的幻想了。只要沒有改正這樣的慣性，每天要活下去都會變得相當困難。

像這樣甚至對現實有扭曲認知的慣性，以腦神經學來說稱作「**認知扭曲(Distortion)**」。認知扭曲其實也不是都不會帶來好的影響，但由於這是下意識產生的，所以常會成為壓力的主因，因此事先了解這種狀況的真相也沒什麼不好。

那麼，在此會向各位介紹各種類型的認知扭曲，以及可以評斷自己是否身陷其中的練習。

另外，得知「自己大多都是怎麼解讀事物」這樣的思考慣性，也有利於觀測。

只要能掌握自己的傾向，就會察覺「我又習慣性地那樣思考了，得多加留意一下」，進而免於朝著不好的一面去想，並得以轉換思考方向對吧。只要每次都能及時修正軌道，情緒的波動幅度應該也就能抑制得小一點才是。

請將接下來要介紹的認知扭曲代表性例子，與自己的想法相對照看看。

思考慣性很難立刻就變得截然不同（何況那說不定也不是必須勉強自己改變的地方），但光是了解到這樣的思考方式伴隨著不太好的習慣，觀點也會產生很大的改變才是。

有著怎樣的慣性呢？

為了明察認知扭曲的真相，就要先回想起最近感受到的氣憤與不安、擔心、焦慮、執著、煩悶等各種負面情緒。盡可能毫無保留地將那些下意識湧現的負面情緒，以及感受到的那種討厭的心情具體說出來。

與此同時，也可以想想產生負面情緒的背景及原因，還有伴隨著那種負面想法，讓你感受到多大的痛苦及壓力。

說不定在那種負面情緒的背後，就存在著認知扭曲。接下來的內容，還請各位在閱讀的同時想想看自己是否有碰上相符的狀況。

零或一百思考

這是指只用「零或一百」的極端論調看待事物的思維。

也稱作「全有或全無思想」，容易變成一個完美主義的人。

會陷入「不辨明是非不甘心」、「要是失敗就沒有任何意義」這種**二擇一的思考模式**當中。

要是有這種認知扭曲，例如在以奪冠為目標的大賽決賽中敗北時，說不定就會覺得「因為沒能得到冠軍，所以一切都是白費工夫」。

就算存在著某個負面要素，也不代表「全都毀了」，而是「雖然這個沒能做到，但那個部分就做得到了」、「現在雖然狀況很糟，但往後應該會變得更好才是」。如果可以養成**將目光擺在這種「中間值」的習慣**就好了。

就算沒能拿下冠軍，也不要只看見零或一百的結果，而是把目光擺在「得到亞軍也值得自豪」、「一直以來努力的事實不會改變」、「在努力的過程中也有所收穫」之類介於勝負之間的事情，就能讓每一天的生活品質都有所提升。

而且若是把零或一百思考套用在他人身上，也會變得無法原諒他人的一些小失誤，進而採取嚴厲的態度。

而且要是深信一切都是非黑即白的，就會擺出像是「疫苗到底有沒有效，給我說清楚啊！」的態度，我覺得那也是一大問題。本來，現實就是「在這種人身上被認為可能會產生多大的效果，另一方面，可以預想到對於這種人來說有多大機率會面臨這種風險」等**各式各樣的要素如漸層般存在，「想必是非黑即白才對」則是扭曲地看待現實的幻想。**

過度一般化

只因為一件事情就認定所有狀況都是如此，並妄下定論的認知扭曲。

工作上在製作資料時有所疏失，為此感到太過消沉，說不定還會陷入認為「自己什麼事都做不好」的自我厭惡之中。但實際上就算不太會製作資料，也跟擅不擅長處理其他工作毫無關係。豈止如此，現實中實際上發生的事情，就只是在製作資料時出現過一次疏失而已，也不能就此斷定為不擅長製作資料。這就是「過度一般化」的陷阱。

舉個其他例子，雖然我們應該不會以一次工作面試失利為根據，就像一般論調一樣做出「我這個人就是無法通過面試」的定論，但我們卻時不時會陷入這樣的思緒當中。

會不禁認定只是在自己身上發生過一次的不幸，未來也會不斷反覆發生，又或是會引發其他狀況。過度一般化會降低人的動力，下意識壓抑自己，以至於無法將自己的可能性發揮得淋漓盡致。

只要稍微拓展視野，就會知道那是此時此刻在世界各地都會發生的事，但只以某個時間點被一個亞洲人找碴的經

驗為根據，就做出「亞洲人全都很惹人厭，很討厭亞洲人」的結論，也是一個「過度一般化」的危險例子。

「只」看得見消極那一面

凡事明明都有好壞兩面，卻都只注視著壞的那一面，這也是一種認知扭曲。一般常說的「負面思考」或許就是這種情況。

例如在滿分一百分的考試中得到八十分時，看到的並非「有考到八十分

※註：圖中女子所指的日文字為 po-si-ti-ve，「正面」之意。

耶！」這積極的一面，而是只顧及「竟然錯到被扣了二十分……」這樣消極的一面，並感到消沉。

或者即使是與最喜歡的人一起開心地共度了很長一段時間的日子，卻因為不經意看到戀人流露出疲憊神情的某個瞬間，就想著「說不定被對方討厭了」而苦惱不已。

明明就還有更多積極正面的瞬間才是啊……！

不認同好的一面

這是會去否定並輕視一件好事、好結果的一種思考慣性。

我覺得在受人稱讚，或是有人來搭話說「那是一次很棒的經驗對吧」的時候，**下意識就會用「不，但是……」這樣的否定的話去打消的傾向**，在日本人身上尤其顯著。

就算考試合格了，也會說出「是合格了沒錯，但這次的問題都很簡單，任誰都考得上」、「對別人來說這或許是一個很重要的考試，但對我來說重要性沒那麼高」之類的話，藉此降低一件好事的價值。

有人溫柔相待時，也會覺得「這只是因為有生意往來，才會對我這麼好，並不是出自對方的真心」，或者擅自解讀成「剛好今天對方的心情很好而已」，把他人拋來的一番好意當作沒發生過一樣。

總之就是「不不不，還是坦率地接受那些好事跟好意吧！」的意思呢。

跳躍式思考

沒憑沒據地跳躍過眼前的現實，進而連結到悲觀的結論，就是「跳躍式思考」。

跳躍式也有分成被稱作**「讀心術」**跟**「擅自預知未來」**等種類。

讀心術以英文來說是 mind reading，也就是從**不禁擅自臆測對方的內心想法**開始。這已經偏離了「無法了解他人想法」這個基本原則。

舉例來說，看到朋友們在遠遠的地方笑著朝自己這邊看過來時，明明沒有任何根據，卻會產生「他們一定是在拿我說閒話取笑」的念頭，或是找人一起玩卻被拒絕時就覺得「因為我被討厭了」之類。

而「擅自預知未來」就腦神經學來說叫 fortune telling，這個詞彙一般來說也有「占卜」或者「預言」的意思。

「無論我再怎麼認真念書，也絕對考不上」、「就算我去參加派對，也不會有人來找我聊天」之類，以某件瑣碎的事情為契機，就悲觀地斷定那些都還沒發生的事情。另外，如果那正好一如占卜的結果，既定印象就會越加強烈，進而加強了跳躍式思考，也是特徵之一。

作業寫錯一題↓這次小考一定會不及格↓大考肯定落榜↓無法繼續升學，未來就找不到任何工作↓一定會度過孤獨且不幸的人生……

像這樣的思考看在身邊的人眼中，會忍不住想吐槽「你是哪來的占卜師？」（英文當中有個意思是「你看，又在fortune telling了！」的說法），但也有可能在當事人都還沒有警覺時就深陷其中了。

個人問題化

一旦發生什麼事情或碰上他人的某種言行，就會把問題或責任攬在自己個人身上的認知扭曲。

例如看到伴侶感到煩躁的時候，實

這是在說我嗎……？
不想再玩了啦～
那傢伙很討厭
看到就覺得很煩

際上也有可能是因為工作上的事情而感到心累，卻會逕自覺得「是我做了什麼讓對方感到煩躁的事情」之類，或者同事只是沒注意到，也可能因為剛好在想事情才沒有打招呼，卻為此產生「是因為我被討厭了」的念頭。

另外還很常見的是「只要是我支持的隊伍都會輸，所以我盡量不看比賽」之類，「因為有我在，所以這間公司的業績才會這麼差」這種就連明顯不是自己責任的事情都攬在自己身上。除此之外，看到別人在社群上發表的一句話，是不是也會覺得「這句話在針對我！」呢？

「該這麼做」、「本應如此」思維

會強烈地想「應該要這樣做」、「應該是這樣才對」的思考模式。

人生中會碰上很多沒辦法照著規矩走、沒辦法一如理想發展，有時必須兼容並蓄才行的事情。但「應該要這樣做」、「應該是這樣才對」的想法太強烈的話，就沒辦法柔軟地摸索第三條路，常會因此偏離了原本的目的。

面對他人的時候也是，「該這麼做」、「本應如此」的想法越強烈的話，當然就會覺得活得很辛苦。每當接觸到與自己的期待相違的行動、話語就會感到失望、煩躁，也會很容易對自己感到氣憤甚至厭惡。

在自己心中浮現「應該要這樣做」的想法時，希望也可以有思考是否符合該場合的從容。

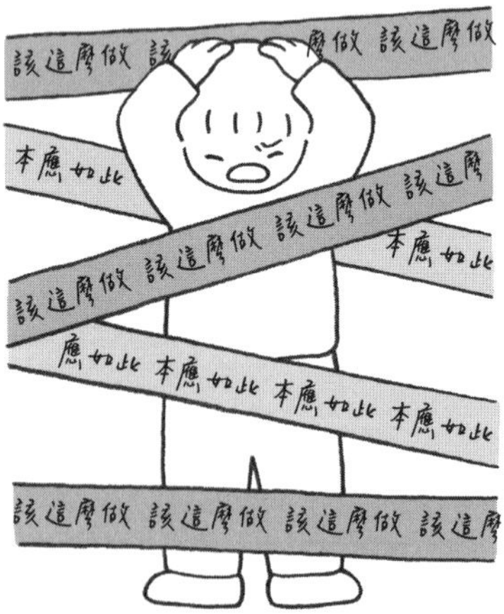

必須自我警惕是否有被困在像是「是男人就別哭」、「女性就該檢點」等明顯有害的「應該思維」當中，而且也要將**社會上共有的刻板印象，或是從自己的個人經驗中獲得的信念，也會有讓他人不當受苦的可能性**放在心上。

尤其這些想法大多是下意識產生，所以也是想仔細觀測的一項要素。

誇大&低估

這就是一如字面上的意思，指的是凡事都無法如實接受，會不禁誇大詮釋或是太過輕忽的狀況。就像本書也有介

紹的全然接受（radical acceptance）的思維，凡事還是如實接受才最重要。

情緒上的理由

想知道真相的時候，會以自己的情緒為最重要根據的認知扭曲。

當自己在情感上覺得「就是這樣」的事情，儘管沒有客觀事實佐證，還是會下意識認為「肯定就是如此」。這樣就會以感受好壞來評斷事物，或是把自己的情緒本身當成「事實的佐證」。

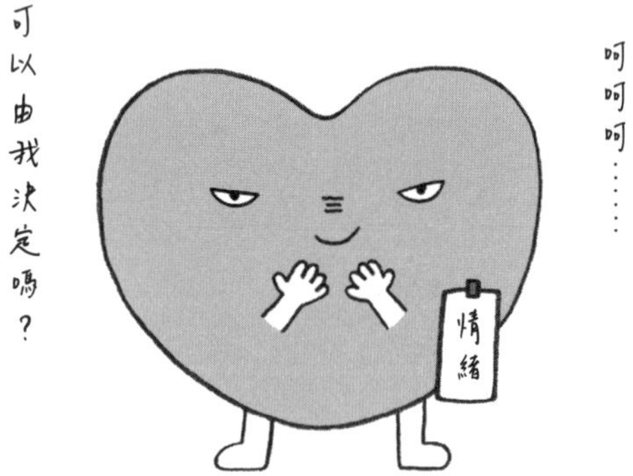

舉例來說，面對鋼琴發表會在即，儘管以技術、經驗等層面來說確實可以毫無窒礙地演奏，卻以自己感到緊張及不安為根據，產生「正式上場時肯定會失敗」的念頭，或是那個當下老師跟家人都剛好沒來跟自己說話，就覺得「因為大家都認為我會失敗」之類，以情緒為根據得出有點像是聯想出來的結論。

但在對他人的態度之類感到不太對勁的時候，也沒必要全盤認為「這肯定是情感上的理由在作祟，是我誤會了」。例如當上司只對自己採取嚴厲的態度，並對此產生「總覺得上司對我的態度很奇怪」的感受時，那種感覺通常就會很準。

尤其當對方是老師之類立場在上位的人時，就連那種不合理的態度也會說成「是你誤會了喔」，並推給是立場在下的人在感受上有所偏差的例子也滿常見，因此希望各位可以在努力不要去斷定「肯定是〇〇」的同時，也不要勉強否定自己的直覺。

WORK 2 了解認知扭曲

①｜試著將負面的想法寫下來吧

毫無保留地寫下我現在感到討厭的心情及想法。
進而想想看其理由及原因吧。

壓力強度大概是什麼程度呢？

②｜這說不定是認知扭曲

想想看這會不會是至今看過的
認知扭曲中的某一種在起作用吧。

③｜新觀點

以②為前提，想想看是否真的有必要產生像①那樣的感受，
進而思考有沒有什麼可以做到的事情吧。

WORK 3 安撫不安及擔憂等心情的方法

第三個要介紹的是可以自己管理不安及擔憂等情緒的練習。

「我會不會被同事討厭？」
「雖然有明言說要做，但我真的做得到嗎……？」
「總覺得沒有受到組織的認同。」
「現在這樣的生活真的可以繼續維持下去嗎？」

會在日常生活中帶來焦躁感的不安及擔憂等心情，偶爾會有感到坐立難安、靜不下來，總覺得既不踏實又不安定的時候對吧。當內心湧現這種不安及擔憂的情緒時，請務必嘗試看看這個練習。

步驟①──此時此刻，自己有什麼感受呢？

透過五感，全面性感受一下「此時此刻，身在這裡的自己」吧。請一個一個對自己問以下這些問題。

- 此時此刻，聞到什麼味道呢？
- 此時此刻，聽到什麼聲音呢？
- 此時此刻，有怎樣的觸感呢？（腳底有確實感受到地面嗎？）
- 此時此刻，嘗到怎樣的味道呢？
- 此時此刻，能看見什麼呢？
- 此時此刻，有什麼感覺呢？

步驟② 想想看自己「可以控制的事情／無法控制的事情」吧

接下來，就站在客觀立場思考會產生不安及擔憂等情緒的狀況及問題。提問如下。

- **以這個狀況、問題來說，有什麼是你自己可以改變、可以控制的事情嗎？具體來說，那是怎樣的事情呢？**
- **有什麼是你自己無法改變、無法控制的事情嗎？具體來說，那是怎樣的事情呢？**

如果是兩者皆非的事情，那也筆記下來。

想安撫不安及擔憂的情緒時，**切分成自己「可以控制的事情」及「無法控制的事情」並寫下來**，是很有效的一種方法。

只要能具體看到有哪些事情是可以控制的，就會覺得「自己可以改變這個狀況」，至於無法控制的事情，也能明確劃分地想「再煩惱下去也無濟於事」。

步驟③—試著改變緊繃情緒

雖說是情緒，但也不是平常用在「嗨起來」那種情緒高低的意思，而是指「肌肉張力」。當不安及擔憂的情緒變得高昂時，你會不會覺得身體有哪個地方很緊繃呢？

會頭痛嗎？還是會有暈眩的情況？手會發燙？肚子會痛？

請在 P.115 的緊繃情緒確認圖中標出記號。

事先得知在湧現不安及擔心的心情時，身體的哪個地方會出現警訊的話，就能及早察覺壓力。

由於大腦跟身體是緊密相連在一起的，當情緒變得高昂時，大腦也會傳送訊號給身體。

感受到恐懼及不安的時候，之所以會心跳加速、呼吸急促，正是因為在面臨生命危險的狀況下，大腦為了催促身體採取逃跑態勢而會有的反應。

另外，大腦跟身體的連結並不是大腦→身體這樣單方面的傳遞。反之，也有**身體→大腦這樣，因為身體起的作用促使大腦運作**的狀況。

例如在吃了藥並降低脈搏之後，就能實際緩解不安的心情，變得可以有意識地緩緩呼吸，發燙的地方漸漸降溫，透過按摩緊繃的部分進而改善身體狀態，多少也能將高昂的情緒及緊繃的張力抑制下來。

步驟④—寫下喜歡自己的地方

喜歡自己的哪些地方，自己又有什麼優點呢？

再瑣碎的小事都沒關係，請務必試著寫下來。

當人感到「自己應該辦不到吧」、「應該很不討喜吧」、「我會不會是個毫無價值的人」之類，**喪失自我效能及自信的時候，不安及擔憂的心情就會更加強烈地湧現**。

正因為如此，知道自己有哪些優點及喜歡自己的地方，是非常重要的一件事。

「雖然也是有做不好的地方，但我還有這麼棒的優點嘛！」

「我很喜歡自己〇〇的個性。」

「我一定能辦到！」

透過增加能這樣想的瞬間，就能得到腳踏實地的安心感。

WORK 3 安撫不安及擔憂等心情的方法

①｜現在自己感受到的東西

請踏實地思考此時此刻自己感受到了什麼，並試著寫下來吧。

嗅覺	聽覺	觸覺
觸覺	視覺	除此之外的 整體感受

②｜可以控制那個狀況嗎？還是無法控制？

可以控制	或許可以控制	無法控制

③｜緊繃情緒確認圖

如果身體有覺得緊繃的地方，就標出記號吧。

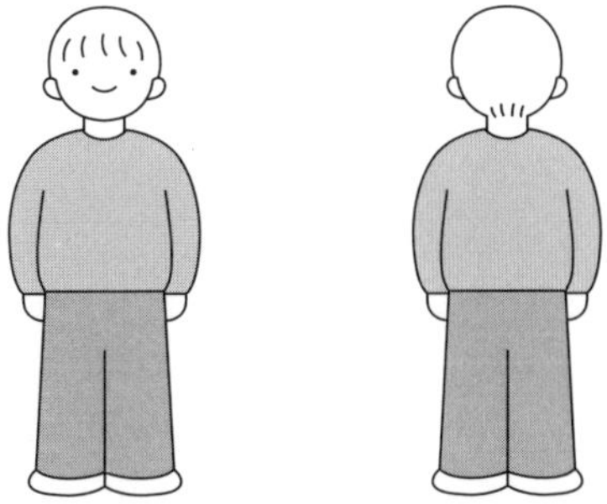

WORK 4

正念

最後就是正念（Mindfulness）的練習。所謂正念，就是將注意力集中於「現在、當下」的心理狀態。

在瞬息萬變的生活中，我們刻意將注意力集中在「這個瞬間、這個地方」的時間，其實比想像中還要來得少對吧。心思若不是放在過去發生的事情上，就是在想明天的工作之類，或是擔心未來的事情而讓思緒上沒有一絲從容。

觀測最重要的地方，就在於察覺「此時此刻，在這個瞬間湧現的情緒」。拋開並不屬於「現在、當下」的事物，將注意力集中於「現在、當下」的練習，對於實踐觀測很有幫助。

在此要介紹的，是當我還是個實習醫生時學到的正念訓練。

一邊散步

幾十公尺的距離就很足夠了，所以請在住家附近的道路來回走上幾趟試試看。

第一次走的時候，請只著重於「能看見什麼（視覺）」。精神只集中在「開了橘色的花」、「招牌壞掉了」、「道路有點彎曲」之類的視覺情報上，在走完那條路之後，就將察覺到的事情筆記下來。

第二次就在一邊散步時，只著重於「有什麼味道（嗅覺）」。精神只集中在「有甜甜圈的味道」、「剛才擦身而過的人飄來香水味」、「聞味道就能知道距離河川越來越近了」等透過嗅覺可以得知的情報上，並將察覺到的事情筆記下來。

同樣地第三次就是只著重於「能聽見怎樣的聲音（聽覺）」，第四次則是「有怎樣的觸感（觸覺）」並一邊散步。最後就是在散步時，讓注意力集中在「會湧現怎樣的情緒、想法」，並在走完之後同樣筆記下來。

這肯定會讓你驚訝於將注意力集中在某件事情上，竟然會讓能察覺到的事情有這麼大的差異。畢竟只是走在同樣的道路上，就能讓你手邊有著五張內容截然不同的筆記。

與此同時，肯定也能切身察覺原來自己至今是活在對於「現在、當下」的事物如此無感的狀態當中。

接著就用同樣的注意力，關注浮現在腦海中的想法吧。究竟是想到怎樣的事情、感受到怎樣的狀況，只要靜下來專注個幾分鐘，好好注視自己的腦海中，就能明白有各式各樣的想法在浮現後又消失地變換著。只要靜下來注視那種思考的聯想遊戲，想必就會發現跟「現在、當下」無關的想法對此時此刻的狀況帶來多大的影響，也會藉此釐清自己的思考慣性及價值觀吧。

意識著當下的事物，也能說是提高注意力及充實感。

建議各位可以像是「現在就來關注一下○○吧」、「從現在開始的半小時內，將注意力放在○○看看」這樣決定好一個主題，將正念這個動作納入日常生活當中。

COLUMN

輕輕鬆鬆專注正念

實際上我也不是每天都有習慣性地挪出一些時間專注於正念。即使如此，偶爾在做伸展之類的時候，會有意識地去思考「現在的我在想些什麼呢」。

對於腦海中聯想到的想法，會像是「啊，現在是從這邊跑到那邊去了呢」、「從這邊到那邊，現在則是在想這個」這樣，真的只是一個接著一個察覺的過程。

其實我是想推薦各位每天留個十分鐘坐下來專注於正念，但就算過程不到一分鐘，想到的時候當作是冥想的一環或許也是個不錯的做法。

CHAPTER

3

自尊心與自我掌控

擅長觀測與不擅長觀測的人

有些人可以很順利地進行觀測，但另一方面也有人就是很難做得好。那是因為每個人的大腦機能各有不同傾向的關係，既然如此，是由什麼決定擅長與不擅長的呢？

而且擅長的人，又是以什麼為「基礎」呢？

我認為，那正是**「自尊心」**與**「自我掌控（Ownership）」**。

這兩個雖然有很大部分是藉由自己的成長環境及經驗培育起來，但也是個**即使長大成人，依然能有意識地去獲得**的東西。因此就算現在不擅長觀測，也沒必要太過介意。總之光是具備這樣的概念，就能為每一天的生活品質帶來正面影響了。

察覺自己的情緒，進而接受。
率直地注視著自己的心。
不去否定發自內心深處的真實情緒。
好好珍惜自己的心。
像是在遇到悲傷的事情時，也不要笑著敷衍過去，裝作自己沒有受傷。
像是不要透過生氣、斥責，並站在比對方更有優勢的立場，藉以掩飾脆弱的自己。

掌握了這些在觀測時最重要的心態關鍵，正是自尊心與自我掌控。
接下來就會向各位介紹這兩者分別是怎樣的東西。

《自尊心》

自尊心就字面上的意思來說是尊重自己的那份心，也就是指「重視自己的那份心情」、「認為自己是值得尊重的人的那份心情」。

這並不是要逞強地想「自己很厲害！」，不如說是指可以肯定最真實的自己。

在為了觀測而踏出初始的第一步，也就是「察覺自己的情緒並如實接受」時，自尊心便是能給予穩定支撐的重要存在。

正因為在本質上具備「自己是有價值的人」這個無可撼動的想法，才有辦法接受恐懼、嫉妒、羞愧之類，那些自己不太願意認同的情緒。

如果在自己心中沒有自尊心這個支柱，以「自己很沒用」這種想法為根基的話，由於「恐懼」、「嫉妒」、「羞愧」等負面情緒都會強化「自己很沒用」的想法，所以思緒也會跟著拚命地加以否定。

只要有自尊心，就不會受到周遭的評價影響，採取行動時也能重視自己的意見及想法。而且也不會過度害怕失敗，可以做出挑戰才是。因為自己很清楚即使他人給予不好的評價或是挑戰失敗，**也不會因此損害到自己的價值及尊嚴**。

如果自己被上司或同事指出失誤時，要做出怎樣的反應才好呢？

這種時候若是可以坦率承認自己的疏失，並開始思考「要怎麼做才能挽回呢」的話，就可說是自尊心高了吧。反之，如果下意識湧現反抗的心情，或是覺得「那是因為○○的緣故」，強烈地想推翻對方評價的話，或許再多培養一點自尊心會比較好。

人在遭到否定，覺得尊嚴受損的時候，會不禁湧現反對心理跟對抗心理。

也會跟著出現氣憤、焦慮還有恐懼之類的情緒，動搖自己的心。

自己身邊的狀況跟發生的事情是不爭的事實。但是，那跟自己的價值毫無關係，別的地方也還有其他重要的事物。

光是把這一點放在心上，看待任何事的觀點應該就會跟著改變了。

擁有多方價值

擁有多方面的價值，是可以培養自尊心的一種方法。

只要具備好幾個構成自我價值的面向，就算覺得自己感到嫉妒，也會想作「那不過是我的其中一種要素罷了，我這個人整體來說還是個好人吧」，**可以把負面情緒視為比較微不足道的一個東西**。

至於在思考如何讓自己擁有許多面向的評價及價值觀時，經驗幅度的大小還是會成為一個重要的要素吧。

不只一個世界，如果可以放眼各式各樣的世界絕對會比較好，但很可惜的是，事實上現今的社會結構並不能對此帶來幫助。

例如考試文化。

在評價一個人時，考試結果成了影響滿大的一個面向。能夠透過考試結果了解到的，明明就只有那個人在那段時間內解開了多少題目而已，完全無法藉此了解那個人至今都做了什麼、對什麼事情感興趣或是懷抱熱情，又是抱持著怎樣的價值觀。

當然，在某一個面向當中投注了努力的事實，對那個人來說的確具備很大的意義，而且也該對此感到自豪。我自己也有在考試文化中拿出一番成果的一面，但我並沒有只把價值基準集中在那一個面向，透過擁有多方價值培養起了自尊心，因此就算現在有人提及我過去的考試結果，在某方面來說我會覺得「那又怎樣？」，也會認為「我還有其他更好的一面」。

所以說，比起說到考試結果怎麼樣——

- **自己對什麼事情抱持興趣及熱情？**
- **自己至今為了那件事情做了些什麼？**
- **那對社會帶來多少貢獻？即使沒有，自己又是窮極到什麼程度？**

我覺得把目光擺在這些事情上，並掌握自己擁有的各個面向才最重要。當然，這樣的想法即使只是各位自己個人追求也十分足夠，但我會覺得如果可以進一步拓展到社會上，大家應該都能用更幸福的想法看待自己吧。

自尊心受到威脅時

碰上傷及自己自尊心的狀況時，沒必要勉強壓抑湧現的恐懼、怒火，以及想得到肯定之類的情緒。總之，先坦率地承受那份情緒。接著再冷靜下來傾聽自己的心聲，進而分析自己的情緒以及存在於其背景的東西。

那就對抗大腦反應的這層意義來說，也絕非一件容易辦到的事情。但透過人生中累積各式各樣的經驗，構築出「自己是何許人，又想成為怎樣的人」的前景，應該會帶來很大的幫助。面對每一次的成功、失敗及挫折，了解自己是個怎樣的人，並切身體認到世界上存在著各式各樣的人，也並不是只有一種價值觀的想法，更將會成為支柱。

即使是小時候缺乏培養自尊心機會的人，就算現在才開始見識更加遼闊的世界，接觸到多樣性的價值觀、拓展經驗幅度，也應該能比起他人評價更加重視內心的充實感及成就感，藉此培養起自尊心。

雖然說是要見識不同世界，但就算沒有實際上移居其他國家也沒關係。透過跟自己不同興趣的人聊天，與不同業界的人進行交流，或是參與原本不太了解的運動之類，就連跟不同國籍、個性嗜好異於自己的人交談，也都是能接觸到嶄新價值觀面向的好機會。

我覺得就連在 YouTube 看影片也能成為一種機會。總而言之，**最重要的正是挑戰看看自己生活的世界中既存的價值觀及想法**。

也是有可能即使經歷了那些體驗，自己的價值觀及信念還是沒有改變。但那也沒關係。光是知道還有不同於自己想法的存在，就能成為思考對自己來說什麼才是最重要，並具體說出來的一個契機。

最重要的是擁有多方面的價值

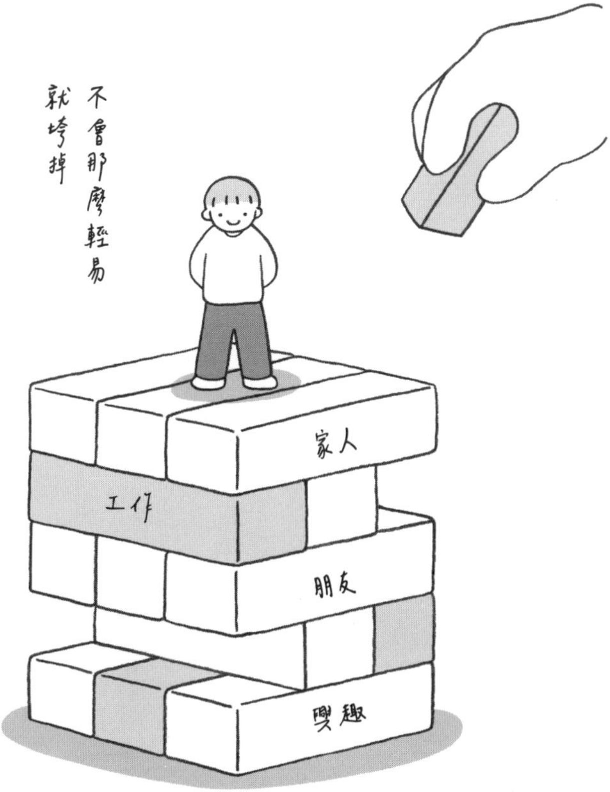

COLUMN

附加價值

我在此想跟各位介紹一個我最喜歡的，關於「多面向的生活態度」的代表性例子。

這是在二〇二二年北京冬季奧運中奪下花式滑冰男子單人賽冠軍的陳巍先生的故事。

他在上一屆二〇一八年平昌奧運中被視為最具冠軍相的選手，卻因為承受了過大的壓力而在比賽時頻頻失誤，在個人賽中沒能奪得獎牌。其實他在那一場賽季中，直到奧運之前都贏得了每一場賽事，似乎還抱持著「如果沒能得到冠軍，自己的世界就毀了」的念頭。

經歷了這麼大的挫折，他在四年後迎來北京奧運時的心境就跟上一次截然不同了。據說這時他的想法是「我不斷努力到得以重返奧運舞臺，這件事情本身就『等同於獲勝』了」。

他不但把手機留在自己的國家美國，還將個人興趣的吉他帶進了選手村。過去甚至覺得「沒能得到冠軍就毀了」的他，有意識地認為那也不過是人生中的一部分，以遼闊的視野挑戰大賽，並漂亮地奪得金牌。

就如同他帶去比賽的吉他，如果人生中有著某種附加價值，總覺得即使是負面經驗也能坦然面對，並活得更加精采。

《自我掌控》

自我掌控（ownership）是在心理學及精神醫學領域中也很常用到的詞彙。直接翻譯過來是「所有權」的意思。

簡單來說，就是**「自己要做出什麼選擇，採取怎樣的行動都由自己決定」**的思考態度。

可以想成是跟自己有關的選擇、行動以及結果，全都是「自己所擁有」這樣的衍生含意吧。

在思考自我掌控時，我就會想到同時也是我朋友的花式滑冰選手，長洲未來小姐。

長洲小姐在年僅十四歲的時候就成為全美冠軍，還兩度參加奧運比賽。

是個具備在經歷過一度從奧運代表中落選，後來又得以參賽的平昌奧運中，成為美國第一位在奧運比賽中達成三周半跳的女性選手，更在團體賽中奪得銅牌這般職涯的人。

這樣的她曾在十幾歲的時候，有過一段對花式滑冰失去熱情的時期。十四歲就在全美錦標賽中奪下冠軍，也有了贊助商的支援，儘管只還是個青少年，也不得不處在要由自己管理金錢、自己決定要追隨哪一位教練之類人際關係的決斷等狀況當中，所以要在這個前提下秉持自我，本來就可說是一大難題。

以前的長洲小姐可說是在比起自己覺得「我想做這件事！」才去接觸，更像是嘗試了之後發現可以做得很好，簡直就像走在行人輸送帶上一樣，在「與其說是想滑冰，反正我就是得去做」的感覺當中不斷前進。面對這個狀況，她甚至以反抗的態度對待父母。

對此，長洲小姐的父母刻意採取了「要不要繼續滑冰都隨妳高興。我們也不會再接送妳去練習。如果想繼續下去就自己想辦法」這樣放任的態度。對父母來說，要將孩子的人生交付給孩子自己想必需要好一番勇氣，同時這對長洲小姐而言，應該也是令她感到相當難受的一番話。

長洲小姐當時很猶豫要不要繼續滑冰。如果要在沒有父母協助的狀況下繼續練下去的話，每天就得搭兩小時的公車到教練那邊上課才行。她最後是自己做出「通勤兩小時去教練那邊上課，繼續練滑冰」的決斷。

那個時候，她才第一次察覺自己有著「我想滑冰」的念頭。在**由自己做出選擇、自己做出判斷、自己負起責任這般自我掌控產生的瞬間**，她心中便湧現了與至今截然不同的動力。

「我是憑著自我意志在滑冰。」

因為能夠這樣想的關係，她才能在許多滑冰選手都年紀輕輕就退役的狀況下，於二十四歲時挑戰三周半跳，並在奧運這個大舞臺上締造成功。我認為她對於滑冰抱持著自我掌控，跟她能長年對滑冰投注絕大能量及熱情的這兩者之間絕非毫無關聯。

自己的意見及選擇是屬於自己的東西。
我無論要說 YES 還是說 NO 都可以。
我既是人生的主角，人生的故事也能由我決定。
而且一定有人可以尊重並接受我做出的決斷。

只要能夠這麼想，眼前拓展開來的景色也會隨之改變。

能夠自我掌控，就會湧現「既然是自己決定的事情就要做到最後」的力量，而且那如果是個很棒的決定，也會伴隨更大的喜悅。反之，即使沒有得到期望中的結果，也能因為是自己做出的決斷而接受才是。

提議受到採納的經驗

我在跟孩子相處的時候，都會希望他們盡可能培養自我掌控。孩子提議的事情，我也想盡量採用。例如他們在日常生活中提出像是「我想去那邊」、「我想吃這個」之類小小的期望時，即使我內心覺得「孩子應該會覺得那裡很無聊吧」、「他應該不會喜歡吃這個」，或是我也有直接告訴他們這樣的意見（如果是伴隨危險的事情當然會說NO），還是會盡可能實現他們的願望。

就算這麼做的結果對孩子來說是一次小小的失敗經驗，我也希望他們可以包含這樣的層面在內，慢慢培養自我掌控。

透過自己的意見得到採納的經驗，會覺得「自己的意見有被聽取的價值」。然後可以切身體認到「就算失敗也沒什麼大不了的，大多事情總是會有辦法解決」。

另外，就連要孩子聽話的時候，我也會特別著重於想讓孩子知道自己可以透過自我掌控做出決定。

像在第一章舉出當孩子不收拾東西時的應對方式那樣，希望他別再玩並整理房間的時候，如果大聲斥責也許會讓孩子聽話，但他只是因為媽媽生氣才照做而已。並不是孩子自己可以接受而做出的決定，因此不能說是有發揮自我掌控。

就如同現今社會的結構並沒有對培養自尊心帶來幫助一樣，很可惜的是以現狀看來，也很難說是讓人容易培養起自我掌控的環境。

在他人的配置下別無選擇的環境實在太多，不得不變成可以在他人的評價中做出能得到正面評價的事情，或是一味地照著長輩、上司等人物所說的去做。

我認識的一位女性生完孩子，放完育嬰假好一段時間之後，公司就對她說「妳現在也有孩子顧，調動到這邊的部門會比較好工作吧」，在完全沒有給予自我掌控的狀態下就命令她調動部門。但她在原本的部門明明是貢獻最多成果的一位員工。

如果這次調動部門是她自己覺得「我也對新部門的工作感興趣」、「想改變自己的工作方式」，並做出判斷向公司提議的話，那就是能感受到自我掌控的一個事例。

然而現今社會有太多機會讓人一點也不覺得人生是自己的，總覺得就連其實是自己可以控制的地方，也變得無法發揮自我掌控。

如果是**為了保護自己重視的東西，而由自己做出的判斷**，未來在面對結果時，看法應該也會跟著改變。

在我們的日常生活中，應該也有覺得「我都做這麼多了」之類，常會對於得不到回報感到氣憤，然而那些狀況的起因說不定幾乎都在於感受不到自我掌控的關係。**「憑著自己的意志決定的事」的這種自我掌控意識，正是能**

讓人從這種痛苦中得到解放的關鍵。

「不去做」也是自己決定的事

自我掌控或許會給人專指「明確說出YES或NO」、「決定做出新的挑戰」之類積極的選擇及行動的印象，但選擇「什麼也不說」、「什麼也不做」也依然是由自己做出的決斷。

只要秉持這個觀點，就不會再責怪自己「我又什麼都沒說出口了」、「沒辦法做出決斷」，而是會用健康的心態去想這是自己做出的決定。

另外，我想再跟各位補充一點，無論面對怎樣的場合，認為「可以靠自己改變狀況」是很好，但要是變成「全都是自己的責任」而一肩扛下，就會給心理帶來負擔。因此在秉持自我掌控的同時，也不要自己背負太多，思考

最重要的是秉持自我

時請以這兩者的平衡為重。

只要在這個前提之下，面對重要局面時有意識地自行做出每一個選擇及判斷，就會產生自己確實有走出自己的人生的感覺，漸漸地這也會帶來人生的充實感及心理上的安定感。

COLUMN

I statement ①

有種溝通技巧叫「I statement」。這是當身處在對自己來說不舒服的環境下，想要有建設性地跟對方溝通之類的時候，透過用「我」當主詞闡述意見，藉以發揮強大的力量。

以I（我）為主詞，明確地闡述「自己有這樣的感受、經驗」。

舉例來說，當某個人的發言傷到自己的心時，不要用「是你這樣講不對」之類，以對方為主詞的說法責備，而是改以「我因為你這樣講而感到受傷，也覺得很難過」的說法，秉持著「由我的主觀說出我的經驗」的態度傳達。

我以前在美國的大學擔任實習醫生時，曾受到指導教授的學術霸凌。那時候我安排了一個可以跟指導教授溝通的機會，並這麼告訴對方。

「我在接受你的指導時，那種強硬的態度讓我感到很痛苦。當然我也知道自己有做得不夠好的部分，但除此之外那讓我有種更針對個人的感覺。我希望指導教授跟實習醫生之間的關係，對指導方而言既不是負擔，對我來說也具備教育意義。為此如果有什麼需要改變的地方，我也會朝著那個方向努力。」（P.169待續）。

CHAPTER

4

小小的自我照顧處方箋

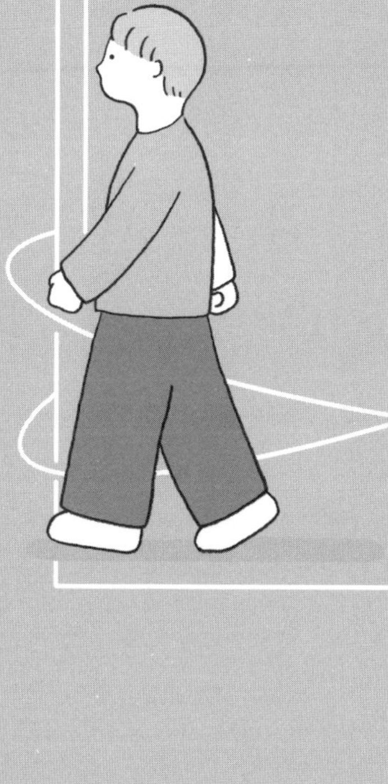

截至第三章為止的內容，詳盡說明了讓面臨心理危機的每一天變得更好的想法及行動。

話雖如此，日常生活中還是會出現很多「想急著先撐過這個狀況！」這種無法慢慢調適的瞬間對吧。

另外，如果可以用聰明的應對方式面對那些會成為心理危機導火線的瑣事及壓力，防患於未然的話，也能讓我們的每一天過得更好才是。

在這個章節中，會介紹許許多多可以在這種時候提供幫助，而且立刻就能做到的小小自我照顧法。

有些是確實具備科學根據，也有些是「並沒有什麼特別的佐證，但實際上還滿有效」的方法，還有些是各位在閱讀的時候，可能會覺得「這麼說來也是呢」、「這麼說來，還真的沒有想過那麼多」的小小想法及行動。

請各位輕快地一個個看過去，並從感覺適合自己的方式開始試試看吧。

心態

愛自己

雖然還只是一點一點的趨勢，但**愛自己（self-love）**這個詞也漸漸變得廣為人知。

在充斥著各種讓人難以生存的世態之中，大家都開始察覺到總之先好好重視自己、愛自己這一點有多麼重要。

遭遇失敗、覺得壓力很大，或是被負面情緒耍得團團轉的時候，請想像成在關心自己最重要的朋友一樣，好好珍惜自己吧。

「沒事的。」

「我做得很好。」
「下次會更順利。」
「這沒什麼，別擔心。」

實際上說出口也是個不錯的方式呢。

每當湧現了「竟然連這種事情都做不到」、「馬上就怠惰下來也太沒用了」這樣責備自己的心情，就要對自己說著「沒這回事」並打消那種念頭。

首先就從**「可以對自己好一點」**、**「好好慰勞自己」**、**「我是個值得被照顧的人」**這般肯定自己開始做起吧。

利他

對人做出溫柔體貼的舉動時，自己會覺得開心，心情也會跟著變得平穩對吧。

心理學用語中有「利他主義（altruism）」這個詞，除此之外還有像是「愛他主義」等說法。就腦科學來說，**看到他人開心的樣子，或是感受到「自己幫上誰的忙」時，也會有助於緩解抑鬱的心情。**

日常生活中應該會有很多可以對誰好，或是替誰做點什麼的機會才是。

對人說出「你的〇〇很棒耶」，或是說著「那個時候得到你的協助真的讓我覺得很高興」這樣直接表達出感謝的心情也很不錯。

另外，當人著眼於他人積極的一面時，自己也會跟著產生正向的心情，所以在腦海中浮現身邊的人或是喜歡的對象，就算只是想著「真的好喜歡那個人的這種地方啊」也能提振起精神。

人氣並不代表那個人的價值

年輕的時候，特別會認為「受人歡迎＝這個人很有價值」。在因為社群的普及之類向世界表現自己的機會增加的現代，更容易陷入這樣的想法當中。因為此當自己感到孤獨的時候，說不定就會悲觀地想「像我這種人，一點價值也沒有」。

討人喜歡、受人歡迎等等，確實是一件積極正向的事情，但那也不過是構成那個人的要素之一而已。

想當然，**無論受人歡迎還是孤獨與否，都跟一個人的價值沒有直接關係。**就算是受到世界的讚賞，而且非常受歡迎的人，也有可能其實一點也不覺得幸福，或是感到孤獨。

要是交由他人來評價自己，在沒有得出滿足那個人價值基準的結果時，就會感到非常痛苦。而且外在評價很容易改變，所以也很可能每當基準有所改變時就會任憑擺布。

自己的價值要由自己決定。

像是成就感或充實感之類，**重視那種內在評價**也是保持心理健康的秘訣。

想想「牽絆」

覺得孤獨的時候，可以試著專注回想看看與至今的人生中遇過的人或生物，或是發生的事情之間的「牽絆」。

學校老師、以前喜歡的人、以前養的貓、過世的奶奶……誰都可以。請回想起那些對你來說重要的存在。

或者是回想起雖然沒有特別親近，但時常會在便利商店碰上的那個店員、在自家附近的公園玩耍的孩子們、常會送貨過來的宅配員之類，在自己生活圈附近的那些人物也可以。

感受到「自己活在與各種人事物的牽絆之中」時，心情多少可以平靜下來。

網路社群也是，當然光是如此無法填補所有人際關係，但確實是一種得以與人交流的簡便工具。只要在自己覺得舒服的範圍內積極活用就好了。

思維

避開討厭的事物

雖然是一件很單純的事，但我會盡量避開自己覺得「討厭」的事物。舉例來說，就像「會讓自我價值受到輕蔑的事情」這樣，把自己討厭的事情具體說出來，就會比較容易在各種情境下判斷那是不是自己討厭的狀況。

可以藉由寫在某個地方，或是跟別人說起那件事，以掌握**「什麼事情會觸動自己」**。

隨著漸漸了解到自己會覺得討厭的點，不但不會因此就去傷人，而是能變得很會避開自己討厭的事物。我覺得那對於要好好活下去來說，其實是一個還滿重要的技能。

接受「可能辦不到」①—現實考量

對於感覺辦不到的事情，先讓自己接受「可能辦不到」也很重要。

現實考量雖然是一件很單純的事，但在心理狀態不穩定的時候，其實還滿難做到。

如果自己可以先接受「可能辦不到」，在工作上就有辦法對上司說出「那件事我可能辦不到」、「請將期限再延後一點」，也可能就會跟著產生拜託別人「能不能協助到這個階段」的選項。

另外，在家庭中也會請伴侶處理家事，有小孩的話，如果拜託孩子去做平常都會幫他做的事情，還滿常會發現其實孩子是可以自己做到。

身在煩惱的漩渦當中時，會一心焦急地想著「怎麼辦」，導致無法注意到現實的終點或過程，或是受到「沒辦法完成別人拜託的工作也太難堪了」的信念阻礙，變得眼裡只有理想計畫而已。

對未來感到莫名的不安，或是對於不曉得事實與否的事情抱持負面情緒的時候，「現實考量」的心態也會帶來不小的幫助。

只要稍微把「以明確的事實、數據及根據，一個個進行判斷」、「就實際情況考量」的思維放在心上，應該就能得到踏實的感覺了。

接受「可能辦不到」② ─ 劃分界線

能夠接受在現實考量下「辦不到的事」之後，就能事先劃分出「辦得到」跟「辦不到」的界線了。當模稜兩可地扛著許多該做的事情時，只要這樣做，心情上就會感到輕鬆許多。

「今天應該沒辦法把這些事情全部做完」、「今天要在幾點之前回家」，就像這樣劃分出「今天的自己就做到這邊」的**界線（boundary）**吧。

在疲憊不堪的時候，就在自己的待辦事項中決定出先後順序，思考一下在那些事情當中一定要從現在開始著手處理的事情是什麼。接著就**只做那件事**。如此一來，比起「這件事沒做成」，會覺得「至少有做完這件事」，並產生一點成就感對吧。

在劃分出自己決定的界線之後，應該就會覺得「在狀態這麼差的時候，至少有做到這個程度了」、「就算沒辦法全部做完，至少有完成最低限度的事」。

把成功體驗當作激勵的手段

人會清楚記得失敗的經驗及負面的事情，卻意外地很快就忘記那些做得很順利，以及感到開心的事情。

然而**至今為止的經驗，正是激勵自己的最佳手段**。

為了在湧現自我否定的心情，或是對自己的能力感到不安的時候可以激勵自己，就算是再瑣碎的小事都沒關係，平常就特別留意將生活中的成功體驗記下來吧。

將過去的成功體驗、努力過的經驗，還有經歷一番辛勞才達成的事情之類寫下來，也是一個不錯的方式。

「我是像這樣努力過來的。」
「回頭看看，也是有做得很好的事情嘛。」
只要這樣想，那就會成為自信，支持著自己。

行動

深呼吸

要緩解不安及焦慮的時候，隨時都能立刻做到的就是深呼吸。雖然簡單，但是一種成效經過多種研究結果證實，科學上具備可信度的方法。

我常做的是花上四秒慢慢吸氣，接著憋氣四秒，最後再花四秒緩緩吐氣的方法。

吸氣的時候無論如何都會很常一口氣吸進去，但吐氣的時候相對比較好控制，因此**試著專注於緩緩吐氣**的話，應該就會比較好做到。

分解較大的待辦事項

該做的事情太多，或是待辦的項目太大的時候，會因為不曉得該從哪裡開始著手，而產生不安的心情對吧。

這種時候，就先直接將較大的待辦事項細分開來吧。這個動作在英語中會用 breakdown 表現，但就是在將事情分解之後，各自附加上先後順序。這種時候當然會以重要的項目為優先，但另一方面，**優先處理「好做的事情」**

也很重要。

可以從「這應該馬上就能做好」、「現在這件事比較好做吧」這樣的項目開始著手，實際上一個個解決之後，也會產生「我有做到、我有做到」的成就感，心情也會隨之沉穩下來。

空出短暫的休息時間

湧現負面情緒的時候，可以想著「現在想先暫時把這個問題放在一旁」，不用勉強自己面對也沒關係。

有時稍微解悶一下，也能讓人從討厭的情緒中抽離出來。

外出呼吸一下空氣、吃個甜點、喝杯咖啡之類，這種時候稍微多加一點牛奶跟砂糖等等，就算是這種瑣碎的小事也沒關係。

即使真的只有很短暫的時間也好，最重要的是**將休息時間用在自己身上**這一點。如果有幾個不用花太多時間就能替自己注入能量，讓心情平靜下來的東西，也很令人開心吧。

接觸自己喜歡的東西

心累的時候，就去接觸自己喜歡的東西吧。

前往喜歡的場所、吃喜歡的食物，接著去看個喜歡的電影再回家之類，像這樣一整天都只做自己喜歡的事也很美好，或者把偶像的作品一個個擺好，要一直看喜歡的動物影片也很棒。

如果接觸了自己喜歡的東西也感受不到任何情緒，或是就連喜歡的事情也不想去做的時候，就真的是心理出狀況的警訊。遇到這種狀況的話，希望可以讓身心都休息一下，並去找專家好好商量。

活動身體

運動可以讓身心都放鬆下來，據說也有調整睡眠節律及身體狀況的效果。稍微慢跑一下、跳舞，或是做個伸展等等，活動身體之後就會覺得神清氣爽對吧。如此一來，負面情緒也會跟著比較容易重置。

我最喜歡活動身體了，只要有四十五分鐘左右的空閒時間，我就會出門慢跑半小時之類的，在自己的行程中空出運動的時間。

這會讓人得到「為了自己使用時間」的感覺，而且運動過後比較能提升專注力，總覺得可以更加有效利用在那之後的時間。

與人交談

這雖然是無法自己一個人做到的方法……但與人交談還是能成為一種很棒的自我照顧。

就算沒有坦白自己的煩惱，聯絡有相同興趣的人、價值觀相似的人閒聊一番，心理也會感到充足。

無論是透過電話或線上聊天都可以。正在養育孩子的爸爸媽媽們，當孩子在夜晚哭鬧，即使是深夜時分也必須起床的時候，可以用留言的方式相互留下自己的想法。就算沒在一起，也能受到鼓舞對吧。

不把主導權交給說話負面的人

在跟經常抱怨，或是負面話題很多的人對話時，我會盡可能不讓那個人掌握對話的主導權。

當那個人開始說起別人的壞話時，只要回應一句「真是辛苦你了」，就可以接著說「這麼說來，大家知道關於○○的事嗎？」之類的，藉此轉移話題。

營造出積極正面的氣氛，也是自己可以嘗試的一件事情。

努力地盡可能縮短自己會感到討厭的時間，也等同於是「珍惜自己的時間」。

把心情寫在筆記本上

碰上討厭的事，或是苦惱不已的時候，就試著拿個筆記本將那股心情寫下來吧。

只在腦子裡想個不停的時候，不覺得光是那件事就讓人頭昏腦脹了嗎？透過輸出想法（寫下來），讓腦子裡騰出空間來。就想像成是這種感覺，盡量輸出腦中的思緒吧。如果之後想重新審視寫下來的那些念頭，只要翻開筆記本，隨時都能看到。所以如果可以向大腦傳遞「沒必要一直想那件事」的訊號，總覺得實際上就能讓腦子裡產生一點餘裕。

另外，透過寫下來這個動作，可以讓狀況變得明朗，也能藉此了解煩惱的構造。寫著寫著也能看見接下來該採取的行動，常會因此讓心情變得積極正向許多。

而且統整下來重新看過一次之後，也會比較容易察覺常會深陷其中的思考模式，以及認知扭曲之類的情形。

寫日記也有同樣的效果。而且這並不是要給別人看的東西，因此不需要掩飾自己的心情，能營造出一個**坦率面對自我的地方**也很棒。

如果想在網路上撰寫，只要加個密碼設定成只有自己看得到也是一個方法。

積極去做自己擅長的事情

這是在某個環境下，當自己遭受否定，或是發生失去自信的事情時，可以用來應對的一種方法。

有意識地去做自己可以做得很好、擅長的事情，或是找個可以讓自己得到正面評價的環境，或是能夠發揮長才的圈子之類，請試著**刻意營造出可以重新體認到「自己是有價值的」的瞬間**。

以我的狀況來說，由於從小就有在學習舞蹈，尤其擅長跳佛朗明哥舞，因此在感到沮喪的時候就會去跳自己擅長的佛朗明哥舞，藉此重拾自信。

另外，在這邊所指的擅長的事情，並沒有一定像是工作之於興趣那樣，非得換個環境才行。

就算同樣是在職場上，舉例來說可以透過跟其他部門的同事建立起良好關係，或者是在自己可以有所貢獻的領域、專案中積極發言之類的，請試著**去做些可以重新體認到「自己是有價值的」的行動**。

十五分鐘內什麼都不做

可以試著給自己訂下**在受到不安或氣憤的情緒控制時，十五分鐘內什麼都不做**的規則。例如在流行病大爆發的時候毫無止盡地在網路上搜尋，或是把那些在社群上看到的假消息散布給家人之類、身邊重要的人等等，**人在感到不安的時候，越是會為了擺脫那個狀況而變得很有行動力**。那是為了生存下去而做出的本能反應。然而就如同在序章提及的，在那種狀況下大腦往往會做出就現代社會來說錯誤的判斷。

這種時候真的就是十五分鐘不要採取任何行動。因為一旦採取行動，情緒就會達到顛峰。總之端看要如何度過這十五分鐘。看是要去慢跑、聽喜歡的音樂、享受美食等等，無論如何請找個方法撐過這十五分鐘。

然而像是遭受家暴之類的時候，當然就另當別論了。那正是所謂要被逼著決定「是戰是逃」的瞬間，因此必須立刻採取行動。

當下面臨的狀況，以現代社會來說真的是必須做出「是戰是逃」的情形嗎？只要不是會立刻影響到生存的狀況，先擱置一段時間也很重要。

設法找到

設法找到（seek out）在此所指的意思，就是有意識地去找出來的行為。能讓自己產生積極正面想法的人、與自己有相同感受的人等等，試著刻意去找出哪裡有這種可以為自己帶來正面影響的人物，並建立跟那個人相處的時間。

如果對於自己現在所處的環境有種窮途末路的感覺時，就可以試著在那個環境的內外**努力尋找看看能給自己帶來力量的人**。

好好吃飯，好好睡覺

只要了解自己容易變得情緒化時的傾向，就能在可行的範疇裡事先做出應對。

舉例來說，我知道當自己肚子餓的時候容易感到煩躁。當孩子們從學校或是幼兒園回到家之後，我又要忙著陪他們而沒時間吃東西，所以我常會在去接他們之前先吃點東西。

如果知道自己一旦想睡就什麼事都做不好，前一天就不要勉強熬夜早早去睡之類的，為了讓自己多少好過一些，而事先做好因應對策吧。

COLUMN

I statement②

（接續P.143的內容）

我就這麼對指導教授說。

但真要說起來，狀況其實也並沒有因為我找對方這樣溝通就得到改善。就長期看來，說不定還變得更加惡化。畢竟指導教授跟實習醫生之間，當力量平衡偏向其中一方，很多時候還是難以改變狀況。

但我當下為了保護自己採取了行動，而且還不是像要吵架一樣攻擊對方，是平靜地溝通，這一點就成了讓我得到大幅成長的機會。

當然，霸凌絕非讓人成長的機會。沒有遇到那種情況絕對比較好。但如果懷抱著某種糾結時，這個方法感覺能成為給予自己勇氣的一次機會，那我覺得有意識地用「I statement」溝通看看也不錯。

順帶一提，在碰上這種霸凌的時候，自我照顧就會顯得更加重要。

當自己覺得「沒有受到尊重」時，更該對自己好一點，並認為自己是有價值的。可以有意識地去做些能讓自己產生這種念頭的事情，像是在會尊重自己的圈子裡積極發言或是有所貢獻之類，都是很好的方式。

結語

如果能讓那些受到「難以言喻但就是心情不好……」這種不明所以的煩悶感所苦的人，可以查明那種煩悶感受的真面目，也就是自己的情緒及想法，還能好好地與之共處活下去就好了。我抱持著滿腔熱情，將這些方法都集結在本書當中。

最重要的是仔細觀察看看讓人煩悶不已的那股心情本質，並盡可能試著具體說出來。

一旦能好好說出來，並冒出「這樣啊，原來自己有這樣的感受」或是「早知道這樣想就好了」這種想法時，至今的煩惱一下子就會減輕許多，或是當下湧現的怒火也跟著轉弱。

我邊想著希望可以讓各位讀者體認到這樣的感受，邊做了這本書。

如果可以讓人產生像是「茅塞頓開」的感覺，或者「就是為此才要觀測」的訊息有傳達出去的話，對我來說就是無上的幸福。

但各位千萬別忘了，本書的內容全是「說來簡單」的事情。無論再怎麼了解那些道理，實際上要採取行動並真的做到還是很困難。

何況情緒也不是只要強迫它「給我

平靜下來！」就能得到緩解的東西。所以就算一開始做得不太順利，也完全沒必要感到消沉。

沒能立刻實踐所有方法也沒關係，就算只找到一兩個適合自己的方法，光是有融入日常生活中，應該就足以在感到難受的狀況下改變自己的心態才是。

凡事不只需要練習，更沒必要以「完美」為目標。所以就算遇到「雖然想讓心情朝著積極面發展，卻不順利」的狀況，也絕對不要責怪自己，請溫柔地面對勇於轉換不同想法挑戰的自己。

這就是自我照顧的基本。

自我照顧在英文的說法是「self-care」。

就跟運動員要為了自己的競技生活照顧好自己的身心一樣，無論是誰，我們為了好好度過每一天的生活，都必須自己照顧好自己的心。

這個照顧方法相當多樣化，也有很多種類。像是對自己說「有價值」、對自己說「沒問題」，或者「現在別去想」等等，給大腦一段休息的時間也是自我照顧的一種。

由於這件事情完全不需要著急，請按部就班，一邊給予自己「好好慰勞一下自己也沒關係！」的許可，慢慢習慣自我照顧吧。

話說回來，「慰勞自己」也不是只有休息而已。

空出休息的時間固然重要。但試著積極分析自己的情緒，思考並觀測自己

感受到什麼、其背後又有著怎樣的想法及經驗，還有該採取怎樣的行動才好等等這些事情，努力帶來「盡可能讓自己的心情朝著積極的方向發展」的結果，也是「慰勞自己」的一種方式。

所以說，各位讀者，就算失敗也沒關係，等到激昂的情緒冷靜下來再說都可以，請務必練習「觀測」看看。

如此一來在不知不覺間，就會養成觀測的習慣，即使未來會碰上許多面臨心理危機的日子，也能期望在煩悶的心情一下得到緩解一下又感到陰鬱的反覆之間，自己依然具備向前邁進的力量。

國家圖書館出版品預行編目資料

我的心，需要一點轉機：哈佛醫師的日常「心理危機」處方箋／內田舞著；江宇婷譯--初版.--臺北市：平安文化, 2025.4　面；公分. --（平安叢書；第838種）（UPWARD；173）
譯自：まいにちメンタル危機の処方箋
ISBN 978-626-7650-23-3(平裝)

1.CST: 情緒管理 2.CST: 心理衛生

176.52　　114002788

平安叢書第0838種
UPWARD 173

我的心，需要一點轉機

哈佛醫師的日常「心理危機」處方箋

まいにちメンタル危機の処方箋

作　　者—內田舞
譯　　者—江宇婷
發 行 人—平　雲
出版發行—平安文化有限公司
台北市敦化北路120巷50號
電話◎02-27168888
郵撥帳號◎18420815號
皇冠出版社（香港）有限公司
香港銅鑼灣道180號百樂商業中心
19字樓1903室
電話◎2529-1778　傳真◎2527-0904
總 編 輯—許婷婷
副總編輯—平　靜
責任編輯—黃雅群
美術設計—Dinner Illustration、李偉涵
行銷企劃—薛晴方
內頁插畫—とみだせな
著作完成日期—2024年
初版一刷日期—2025年4月

法律顧問—王惠光律師

讀者服務傳真專線◎02-27150507
電腦編號◎425173
ISBN◎978-626-7650-23-3
Printed in Taiwan
本書定價◎新台幣300元/港幣100元